Josef v. Sand

Maria Magdalen

**Vom Leben und Sterber
Schwester**

Josef v. Sand

Maria Magdalena

Vom Leben und Sterben
meiner Schwester

VERLAG 1460

Mit freundlicher Abdruckgenehmigung des Axel-Springer-Verlags Berlin: Hollersen, Wiebke, *„Jeder Mensch ahnt, dass er Abgründe des Bösen in sich hat"*, Die Welt, Wissenschaftsredaktion. 26. Oktober 2019, S. 22 und des österreichischen Psychiaters, Psychotherapeuten und Neurologen Reinhard Haller.

2. Auflage
Veröffentlicht im Verlag 1460
Alle Rechte vorbehalten
© 2020 by Verlag 1460, Sand in Taufers
www.1460.info

Interviews: Susanne Hutter, Barbian
Lektorat, Grafik und Satz: Carmen Oberlechner, Rosenheim
Fotos: privat
Printed in Italy

ISBN 978-88-999440-3-2

Inhalt

Maria Magdalena	9
12. April 1964	13
Sonntagmittag	13
Die Nachbarin	18
Taufe	20
Kindertage	23
27. Dezember	25
Die Nachricht	25
Erinnerungen	29
Unwissenheit	32
Jugendliebe	38
Warten	40
Verhör	46
Die Botschaft	51
Danach	53
Erstkommunion	59
Erinnerungen von Hanspeter, (Ex)-Ehemann und Weggefährte von Marlene	65

Liebe und Ehejahre	65
Anfang vom Ende	68
Es geht nicht mehr	75

Vorbereitungen 83

Thailand, oder wie die Seele meiner Schwester ihre Freiheit gefunden hat 87

Erinnerungen von Maximilian, dem einzigen Sohn von Marlene 99
    Verantwortung 102
    Timmy, die Hauskatze 108
    Dämmerung 112
    Offenheit 115
    Annäherung 117
    Ende 122

Unfassbar 127

Der Freitagabend-Mann (oder die schrecklichste aller Gelegenheiten ist die Not. Oder Erinnerungen von Herrn X.) 135

Ersehnte Nachricht 149

Erinnerungen von Ruth, Marlenes Sozialbetreuerin, oder wie sie ihre Freundin wurde 153

295 Tage 165

Der Tag vor dem Abschied-nehmen-Müssen 167

Erinnerungen von Helga, Marlenes langjähriger Freundin   171

Der vorletzte Weg   179

Die Frage nach dem „Warum", oder die Psychologie des Täters   185

Die Begräbnismesse   203

Epilog   213

Dankgefühl   219

Erinnerung in Bildern   221

Maria Magdalena

Wie erzählt man die Geschichte von einem Menschen, der weder den Nobelpreis gewonnen hat noch Schauspieler oder Präsident gewesen ist? Kein Prominenter oder Politiker, niemand, der etwas zu sagen gehabt hätte, niemand, zu dem man hätte aufschauen können oder ihm aufmerksam zuhören. Wie erzählt man die Geschichte von einer einfachen Frau, wie es wohl viele Millionen von ihnen gibt? Von einem Menschen, dessen Durchschnittlichkeit und monotone Langeweile an Bedeutungslosigkeit nicht zu übertreffen war? Von einer Gefallenen in der zweiten Hälfte ihres Lebens, die es irgendwann vorzog, an den Rand der Gesellschaft zu ziehen, statt in der Mitte derselben mitzuschwimmen?

Wie hochgeschätzt muss „Mensch" sein, um eine Persönlichkeit zu haben, von der es wert wäre zu berichten? Was muss er geleistet haben, um seine Lebensgeschichte aufzuschreiben? Welchen Wert sollte man ihm zuschreiben, um sich um ihn Gedanken zu machen? Oder um in diesem Falle das spärliche Umfeld zu befragen, um mit dessen Aussagen und meinen eigenen Erinnerungen darüber eine Erzählung in Form eines Buches der Nachwelt zu hinterlassen?

Ich will von diesen Begebenheiten berichten, sie öffentlich machen. Ich will von einer Frau schreiben, die unnötig und barbarisch ihr Leben durch die Hand eines Dritten verloren hat. Ich will nahe an die Wahrheit des Geschehenen. Ich möchte die Geschichte meiner Zwillingsschwester Maria Magdalena erzählen, von Anfang an.

Sie als Leser können dann selbst urteilen, wie Sie den beschriebenen Menschen sehen, nachdem Sie das vorliegende Buch gelesen haben. Sie können ungeschminkt für sich entscheiden, ob die verzerrte Berichterstattung vieler Medien oder die zum Teil beschämenden Kommentare irgendwelcher anonymer und feiger User in diversen sozialen Netzwerken der suggerierten „Wahrheit" entsprechen.

Ich bitte Sie, verzeihen Sie mir, dass ich beim Erzählen mit meinen Gedanken immer wieder einige Jahre und Jahrzehnte springe, nach vorne, aber auch nach hinten. Ein Leben chronologisch zu erzählen, in meiner Gefühlssituation, erschien mir unmöglich. Meine aktuelle Gefühlswelt ist, um sie behutsam zu beschreiben, schwierig. Erinnerungen sind Inseln im weiten Meer des Lebens. Ich kann im Voraus nie sagen, auf welche Insel mich der Wind meiner Lebenserinnerungen beim Schreiben treibt.

Ich möchte kein aufgezwungenes oder diktiertes Buch niedergeschrieben haben, um gehört zu werden. Ich möchte Ihnen Episoden eines schwierigen Lebens bis zum Schluss aus meinem Blickwinkel erzählen. Ich möchte so viele Inseln wie möglich mit meinen Erinnerungen ansegeln, um Ihnen zu zeigen, was es darauf zu sehen gibt.

Erzählungen und Aufzeichnungen aus dem nahen Umfeld meiner Schwester, dessen Erinnerungen und unparteiische Eindrücke, wie Marlene in den Augen vieler gewesen ist, wie sie gelebt hat, sind bewusst nicht von mir geführt worden. Ich durfte bei einer Autorenlesung zu meinem Buch, das auf dem spanischen Jakobsweg spielt, eine Journalistin und Autorin, die selbst vom Schicksal sehr gebeutelt wurde, kennenlernen. Sie hat mich unterstützt und mir die emotional schwierigen Gespräche abgenommen. Dafür bin ich endlos dankbar. Ihre Befragungen mit Wegbegleitern und Angehörigen von Marlene wurden mit unendlichem Fingerspitzengefühl und großer Behutsamkeit geführt.

Ich denke, ich wäre zu befangen gewesen. Die Schilderungen werden auf diese Weise aus einem neutralen Blickwinkel dargestellt. Und das ist gut so.

12. April 1964

Sonntagmittag

Eine Frau verließ gekrümmt und mit schmerzverzerrtem Gesicht ihr elterliches Bauernhaus, wo sie mit dreizehn Geschwistern in ärmlichen Verhältnissen aufgewachsen war und dort gerade wieder Zuflucht fand, nachdem sie ungewollt schwanger geworden war. In der großen Stadt, von einem Mann, der sie, nachdem er sie sich genommen hatte, nicht mehr wollte. Sie wurde weggeworfen wie ein gebrauchtes Irgendetwas, das man am Wegesrand unachtsam entsorgte, in dem Wissen oder vielleicht der Hoffnung, dass es aufgehoben und entfernt werden würde.

Die große Stadt ist, wenn man in einem Seitental eines größeren Tales inmitten der kargen Berglandschaft aufgewachsen ist, ein dehnbarer Begriff. Sie, die Stadt, mochte zu diesem Zeitpunkt 80 000 Menschen gezählt haben. Ihr kleines, vergessenes Dorf im entbehrenden Nirgendwo, 800 einfache, brave Seelen.

Sie schleppte sich zu dem Häuschen der Dorfhebamme, klingelte. Trat, nachdem man ihr geöffnet hatte, ein.

„Ist es so weit?", hörte sie die Frau, die mehr als zwei Drittel der Talbewohner zur Welt gebracht hatte, sagen.

„Ich denke, ja."

„Einen Monat früher als gedacht. Du hättest nicht rauchen sollen", sagte die resolute, aber liebenswerte Hebamme unserer Mutter.

In den Sechzigern des vorigen Jahrhunderts unehelich in einer von der katholischen Kirche erzkonservativ geprägten Gesellschaft schwanger zu werden war in der einfachen Denke der Hirngewaschenen der Institution dieser Glaubensrichtung gelinde gesagt einer Todsünde gleichzusetzen. Es entschuldigt das Laster des Tabaks nicht, macht es verständlicher in Anbetracht der schweren Situation. Etwas zum Festhalten, wenn kein Halt in Sicht war, wenn in der empfundenen Dunkelheit kein Licht mehr zu finden ist. Wenn Tränen der Angst und Unsicherheit die Augen über Monate röteten. Wenn durch tiefe Enttäuschung das Wort „Vertrauen" aus dem persönlichen Wortschatz gestrichen werden musste.

„Leg dich hin, lass uns schauen, wie weit der Muttermund geöffnet ist. Wie geht es deiner Mutter, ist sie noch immer enttäuscht von dir? Traut sie sich wieder in die Kirche? Ist der Pfarrer milder gestimmt, nachdem du Sünde begangen hast?" Die Hebamme musste lachen. „Ich finde, jedes Kind ist ein Geschenk. Lass sie sich ihr Maul zerreißen. Pressen, du musst pressen."

Die Mittagsglocken an diesem Sonntag waren verstummt, die Wehen kamen in kürzeren Intervallen. Es konnte nicht mehr allzu lange dauern, bis neues Leben den Planeten betreten würde. Um dreizehn Uhr kam ich zur Welt. Nabelschnur um den Hals, stranguliert. Kein Lebenszeichen. Mein kleiner Körper in Blau- und Grüntönen eingefärbt. Die Hebamme nahm mich bei meinen Füßchen, stellte mich auf den Kopf, nachdem sie mich von der Nabelschnur befreit hatte. Sie gab mir einige Klapse auf den Hintern, Kopf nach unten hängend. Nach Erzählungen meiner Tanten röchelte ich, schnappte nach Luft. Und was machen Babys, wenn sie auf sich aufmerksam machen wollen? Genau, sie schreien.

„Drei Kilogramm in etwa", sagte die Lebensschenkerin zu meiner Mutter. „Da haben wir aber Glück gehabt. Es ist ein strammer Junge." Meine Mutter schien erleichtert, sie hatte ihr allererstes Kind geboren, mit Mitte zwanzig. Die Hebamme nahm die Hand meiner Mutter, um sie behutsam vorzubereiten.

„Da kommt noch eines, ein zweites. Du wirst Zwillinge bekommen."

Sie lächelte milde. In einer Zeit mit wenig medizinischer Versorgung und ohne Ultraschallgerät war es keine Seltenheit, dass ein Kind übersehen wurde. Zwanzig Minuten später kam meine Schwester zur Welt. 1.600 Gramm Leben. Zwei winzige Zähne. Der Körper in einen schwarzen Flaum gekleidet, als wollte sie die Pfaffen lehren, woher wir kommen. Dass kein Gott uns modelliert hat. Dass wir nur eine Spezies von vielen sind. Als wollte sie mit ihrem Aussehen den Verwandtschaftsgrad des Menschen mit dem Affen unterstreichen. Als wollte sie die These Darwins zur Evolution allen Zweiflern sichtbar machen.

„Sie wird es nicht überleben, wir müssen sie in die Stadt fahren, in ein Krankenhaus, sie in einen Brutkasten legen. Sie muss zunehmen, ihre Lungen sind schwach", sagte die Hebamme.

Mein Onkel wurde gerufen. In eine alte Decke eingewickelt wurde meine Zwillingsschwester über einhundert Kilometer in die große Stadt gefahren, in einem alten klapprigen Fiat 128. Dorthin, wo vor acht Monaten unsere Befruchtung stattgefunden hatte, dorthin, wo wir es uns in der Gebärmutter unserer Mutter gemütlich gemacht hatten. Ein holpriger Start in unser beider Leben.

Die Nachbarin

 Wochen später, so wurde mir zugetragen, ging abends leise, kaum hörbar, die Nachbarstochter zum Hause meiner Großmutter. Von draußen hörte sie das Stimmengewirr unserer Tanten, hörte uns Kinder, sah im Schummerlicht durch das kleine, angelaufene Fenster. Sie stand vor dem Tor, unsicher, aber mit einem versessenen Wunsch. Sie wollte klopfen. Wartete. Ihr Herz pochte bis zum Halse. Stille.

Sie schaffte es nicht, mit dem gekrümmten Mittelfinger an das vergilbte Holz zu klopfen. Ihr Mut hatte sie verlassen. Die Frau drehte sich um und ging unverrichteter Dinge in die Nacht. Sie wollte eines der Zwillingskinder meiner Mutter abbetteln. Wollte da sein für eines von uns, für das Wunder Leben. Es wäre eine unbefleckte Empfängnis geworden. Sie, die Nachbarin, wurde nie Mutter, war nie verheiratet. Lebt bis heute alleine.

Was wäre wohl geschehen, hätte sie geklopft, hätte sie den Mut aufgebracht? Hätte sie den lebensverändernden, einmaligen Augenblick genutzt? Was wäre wohl aus einem von uns, unserer Mutter und der Nachbarin geworden?

Taufe

Einige Monate sind ins Land gegangen. Meine Schwester wuchs und gedieh, ihr schwarzer Flaum, der den Körper bedeckte, war verschwunden. Ihre kleinen Zähne aber blieben, zum Leidwesen meiner Mutter, die meine Schwester hat stillen müssen. Wir wurden abwechselnd von Tanten, der Oma und unserer Mutter versorgt. Wir seien ruhige, stille Kinder gewesen, hat mir meine Tante irgendwann erzählt. Manchmal hatte sie den Eindruck, als wären wir nicht im Raum.

Sie hatte mir ebenfalls berichtet, dass der wichtigste Politiker zu jener Zeit, der unser Land fast 29 Jahre führte, der Vater unser aller Freiheit und Wohlstand, zwei Kinder zur Adoption gesucht habe. Es sollten ein Mädchen und ein Junge sein. Warum unsere Adoption letztendlich scheiterte, wurde uns nie erzählt. Ich bin mir gar nicht sicher, ob meine Mutter von der Anfrage etwas wusste oder ob meine Tante die Fäden unserer Leben zu jener Zeit in Händen hielt. Wieder eine Weggabelung, die unsere Zukunft hätte beeinflussen können, in eine nicht absehbare Richtung. Eine Weggabelung, die nicht gegangen wurde. Weshalb auch immer. Bald darauf wurden wir getauft. Um Gott und den Pfarrer milde zu stimmen, wurde vereinbart, als Buße und Ehrerbietung und als unumstößliches Zeichen, nicht vom richtigen (katholischen) Weg abgekommen zu sein, dass die Kinder die Bürde zweier sehr wichtiger christlicher Namen zu tragen haben sollten: Maria Magdalena und Josef.

Das gefiel der Glaubensgemeinschaft. Unehelicher Sex wurde damit, sagen wir es diplomatisch, neutralisiert. Der Klerus war zufrieden. Oma konnte wieder in die Kirche und plötzlich waren wir süße und hübsche Kinder. Der Nimbus des Bastards war reingewaschen worden. Wir waren nicht mehr minderwertige Menschen, zumindest für die Zeit, in der wir noch Kleinkinder waren.

In der Grundschule sollte sich der Wind wieder drehen, stark und böig, von vorne rechts. Wieder wurde eine Entscheidung über den Kopf meiner Mutter hinweg gefällt. Für meine Schwester wollte sie, wohldurchdacht und mit einer gewissen Romantik, den Namen Marlene. Als Hochachtung an die schöne, unabhängige und weltoffene Sängerin und Schauspielerin Marlene Dietrich. Sie verkörperte all das, was meine Mutter eigentlich sein wollte. Sie hätte diese Frau werden können, wäre die verhängnisvolle Affäre in der großen Stadt nicht gewesen. Sie müssen wissen, meine Mutter war eine atemberaubend schöne Frau in den Sechzigern. Die Geschichte würde zeigen, dass alles, was sie sich erträumt, dass alles, was sie sich für ihr Leben gewünscht hatte, anders kommen sollte. Meine Schwester wurde auf Wunsch unserer Mutter zeitlebens Marlene gerufen. Namensregister, Pfarrer und Klerus hin oder her.

Kindertage

Unsere frühe Kindheit verbrachten wir im nächstgrößeren Dorf. Meine Mutter hatte eine Stelle als Bedienung im Hotel „Zum Elefanten" angenommen. Es war die Zeit, in der der Fremdenverkehr einen wichtigen Stellenwert als Einnahmequelle in unserem Landstrich einzunehmen begann. Ein bescheidenes Skigebiet wurde gebaut und jeder, der ein paar Zimmer übrig hatte, ließ sich „Zimmer zu vermieten" oder „Garni" an die Hauswand pinseln. Es war eine Zeit des Aufbruchs.

Der zweite große Krieg steckte noch in den Knochen der Alten. Missetaten, auch in unseren Reihen, die heute mit Sicherheit vor einem Gericht verhandelt werden würden und Denunziationen einheimischer Juden wurden stillgeschwiegen und verdrängt. Gelder für Kriegswitwen, die nie ausbezahlt wurden, ermöglichten Einzelnen einen kometenhaften finanziellen und gesellschaftlichen Aufstieg und ließen die Schwachen und Ausgemergelten fast verhungern. Moralvorstellungen wurden zurechtgebogen und interpretiert, wie sie gerade gebraucht wurden.

In der „Villa Sonnenblick" kamen wir unter. Der Name des Hauses versprach Wärme und Geborgenheit. Es blieb allerdings beim Versprechen des wohlklingenden Hausnamens. Zuerst wohnten wir in der kleineren Wohnung im Parterre, später dann im ersten Obergeschoss. Das Haus war mit Steinen aus dem nahen Fluss gebaut worden, die im Winter an den Innenwänden Raureif trugen. Es gab einen einzigen beheizten Raum, wo sich beinah unser gesamtes Familienleben abspielte: die Küche. Unser Kindernachttopf aus emailliertem Blech, den wir im Durchgangszimmer, in dem wir schliefen, für unsere nächtliche Notdurft unter den alten, abgenutzten Betten verstauten, war an Januartagen fast immer samt Inhalt gefroren.

27. Dezember

Die Nachricht

 Ich war gerade auf dem Weg ins Bad, um mir meine Zähne zu putzen und mich langsam bettfertig zu machen. Meiner Gewohnheit folgend schaute ich mit der Zahnbürste im Mund wie fast jeden Abend noch kurz auf das Display meines Mobiltelefons. Abends hatte ich es mir abgewöhnt, den Klingelton anzulassen. Mein Telefon wurde von mir, sobald ich meine Wohnung betrat, auf stumm gestellt, mir zuliebe. Die Arbeitstage waren aufreibend und einnehmend genug. Der Abend und die Nacht sollten etwas Abstand zum Hamsterradleben schaffen.

22:07 Uhr. Ein Anruf in Abwesenheit. „Maximilian-Marlene" hatte versucht, mich telefonisch zu erreichen. Maximilian ist der einzige Sohn meiner Schwester Marlene. Dass ich ihren

Namen mit dem von Maximilian in meiner Kontaktliste gespeichert hatte, folgt einem praktischen Grund. Ich schreibe mir fast immer eine Gedankenbrücke hinter einen Vornamen, um peinlichen Verwechslungen vorzubeugen.

Meine Verwunderung war groß. Maximilian rief mich selten oder nie an, außer er hatte ein Problem, von dem er glaubte, ich könnte Problemlöser sein.

22:10 Uhr. Rückruf entgegen meiner Gewohnheit. Normalerweise warte ich mit Antworten bis zum nächsten Morgen, wenn ich dann im Auto über die Freisprechanlage telefonieren kann. Ich mag den metallischen Geschmack meiner Zahnplomben nicht, wenn ich das Telefon an meine Hörmuschel halte und einige Minuten lang sprechen muss.

„Onkel, Onkel, Onkel", hörte ich eine zittrige, kleine, schluchzende und verzweifelte Stimme weinend und stotternd sagen. „Die Mama, die Mama ist tot. Onkel, die Mammmmma ist tot. Sie lebt nicht mehr. Man hat sie gefunden, tot. Der Papa ist auf dem Weg. Onkel, sie ist tot."

Stille. Weinen, Flehen. Bitten, Schluchzen, wieder Stille, fassungslose, nicht enden wollende Stille. Wenn die Mutter geht, wird ein fast 22-jähriger junger Mann wieder zum Kind, das behütet und beschützt, umarmt und gehalten werden will. Und dieses zurückkehrende Bedürfnis nach Nähe ist gut so.

„Max, ich komme. Ich bin in 20 Minuten da. Warte auf mich und beruhige dich, ich komme gleich zu dir."

Mein Herz schlug mir bis zum Halse, mein Puls pochte. Ich tigerte halb nackt durch die Wohnung. Tot. Was soll das, tot? Ende ohne Wiederkehr. Das kann nicht sein. Ich hatte noch telefoniert mit ihr vor drei Tagen, am Heiligabend, nachmittags. Sie sei zufrieden, wenn man sie in Ruhe ließe und sie ihre Telenovelas im Fernsehen habe, hatte sie gesagt. Und dass es schön sei, dass ich sie angerufen hätte.

„Du wirst dich schämen mit mir", hatte sie noch gesagt.

„Marlene, du kennst meine Meinung zu diesem Thema", war meine kurze und knappe Antwort gewesen.

Den gängigen Ausdruck, dass Gedanken Achterbahn fahren können, verstand ich nun nach dem Gespräch mit Max. Wirre, ungeordnete Fragmente schossen durch meine Gehirnwindungen, lähmten meine angelernten, strukturierten und gewohnten Gedankengänge. Keiner hatte mich vorbereitet auf eine solche Situation, niemand hatte mich gelehrt, wie damit umzugehen ist. Keine einzige Unterrichtsstunde in der Schulzeit beschäftigt sich mit dem Unausweichlichen. Es wird über Leben, Überleben, Erleben, miteinander Leben, Verleben usw. gesprochen, aber selten über Tod, Schmerz, Verzweiflung, Krankheit oder das ENDE.

Die Fahrt in der frostigen Dezembernacht war surreal. Lähmende Kälte war in mich gekrochen. Ich fühlte mich wie betäubt, meine Gedanken kreisten um unser beider Leben, unsere Teenager-Jahre. Ich reise in meinen Erinnerungen bis in unsere gemeinsame Kindheit zurück. Damals, in der „Villa Sonnenblick", wo wir aufgewachsen waren mit unserem Halbbruder und unserem Stiefvater. Wir zwei, eine verschworene Einheit gegen den Rest der Welt da draußen ...

Erinnerungen

Unseren Stiefvater hatte unsere Mutter bei sich unterkommen lassen, nachdem er nach einem folgenschweren Verkehrsunfall eine Bleibe gesucht hatte. Er hatte sich bereit erklärt, uns ein Bett und ein Dach über dem Kopf zu geben, da er glaubte, Schuld auf sich geladen zu haben. Am Beginn ihrer Beziehung, so denke ich, war ihre Freundschaft eine Zweckgemeinschaft gewesen. Bett gegen Vaterersatz. Später dann, mit der Geburt unseres Bruders, hatten unsere Eltern etwas Gemeinsames, Verbindendes, zum Leidwesen von uns Zwillingen.

Jetzt, wo beide über 80 Jahre alt geworden sind, mein Vater seinen Testosteronspiegel gegen Östrogene ausgetauscht hat und er altersmilde geworden ist, ist es zu so etwas wie Liebe zwischen den beiden geworden. Es ist schön, sie so zu sehen.

Wir, Marlene und ich, sollten nach der vollzogenen Eheschließung unserer Eltern auf Anraten von Freunden und dem Pfarrer den Nachnamen unserer Mutter beibehalten. Mein

Halbbruder bekam den Namen des Vaters. Menschen erster und Menschen zweiter Klasse wurden dadurch in einer „Familie" geschaffen. Wenn Sie so wollen, waren wir ab da gebrandmarkt für Lehrer, Mitschüler, Pfarrer und die Dorfgemeinschaft. Es fehlte nur noch die Oberarmschleife mit Davidstern. Meine Schwester und ich sollten uns noch so manches Mal schämen und uns rechtfertigen müssen ob unserer Herkunft. Wir sollten noch viele Tränen vergießen ob dieser nicht zu Ende gedachten Entscheidung.

Meinem Vater konnte man, in der Rückblende und mit viel gutem Willen, nicht allzu viel vorwerfen an der verwundernden Situation am Ende der Sechziger Jahre des vorigen Jahrhunderts. Er selbst hatte seinen eigenen Vater mit sechs Jahren verloren, gefallen im „glorreichen" Krieg für Adolf. Meine zweite Omi musste die Kinder allein durchbringen als Kriegswitwe. Mein Vater wurde einige Jahre weggegeben von zu Hause, um wenigstens satt zu werden, um nicht verhungern zu müssen. Es war beim besten Willen nicht genug da, um alle Mäuler zu stopfen, hat mir Omi irgendwann erzählt. Kriegskinder eben. Mein Vater hatte Empathie und einen liebevollen Umgang mit anderen Menschen nie gesehen und dadurch auch nie erlernen können. Er kannte Umarmungen, Wertschätzung und Zuneigung nicht. Etwas zum Essen und ein Dach über dem Kopf war in seiner Welt Ausdruck von Liebe und Zuneigung genug.

Unwissenheit

Ich betrat das Haus, in dem meine Schwester bis zur angeordneten Trennung von Max mit ihrem Mann gelebt hatte, nur 15 Kilometer von ihrem letzten Zuhause entfernt. Wie immer war es alles andere als einfach, in dieser Siedlung einen Parkplatz zu finden. In einem Reiheneckhaus unten im Parterre war der Wohnraum für die drei gewesen. Jetzt lebte Max gemeinsam mit seinem Vater in der kleinen Wohnung. Aufgelöst und mit verweinten Augen kam er mir entgegen, um mich zu umarmen.

„Sie ist tot, Onkel, Mama ist tot."

Max drückte sich fest an mich, er brauchte Halt. Der Pfarrer und eine Tante, die in der Nachbarschaft lebten, waren schon im Wohnzimmer.

„Was ist passiert? Weiß man, warum Marlene gestorben ist?"

„Man hat sie gefunden, nachdem ihr Exmann und Max sie wiederholt vergebens telefonisch versucht hatten zu erreichen. Der Hausmeister hat sie leblos aufgefunden, man hatte ihn gebeten, nach dem Rechten zu sehen. Er hat Marlene durch die Terrassentür in ihrer Mietwohnung liegen gesehen, regungslos. Daraufhin hat er die Polizei, Feuerwehr und den Krankenwagen gerufen."

Mehr wussten sie auch nicht. Mein zweiter Sohn, Noah, der Max ein Freund ist, und mein Schwager kamen einige Minuten später fast gleichzeitig am Haus an. Der Pfarrer fing an, ein Gebet zu sprechen. Eine Kerze wurde angezündet. Höflich warteten wir das Ende der Andacht ab, um gemeinsam zu beraten, was ab jetzt wer von uns zu tun hätte.

Meine Gedanken schweiften ab, genau in die Zeit, in der Marlene eine schöne und lebensfrohe Frau gewesen war. Und jetzt? War sie an den Folgen ihrer Abhängigkeit gestorben? Hatte sie sich etwas angetan? War sie unglücklich gestürzt? Oder hatte ihr drangsalierter Körper aufgegeben, hatte er ihre Seele freigegeben? Suizid schloss ich für mich kategorisch aus. Dafür hatte Marlene einfach zu gerne gelebt. Im größten Schlamassel hatte sie immer noch ein Lächeln und ein gutes Wort gefunden. Also kein Selbstmord. Für mich waren ein natürlicher Tod oder ein Unfall am logischsten. Zudem hätte sie in drei Tagen eine Biopsie an einer Brust vornehmen lassen müssen, um einige Unregelmäßigkeiten ausschließen zu können. Da sie täglich mit unserer Mutter telefoniert hatte, wussten wir recht gut Bescheid über Neuigkeiten in ihrem Leben. Sie war wohl voller Angst gewesen, dass sich in ihrer Brust ein Karzinom gebildet hatte.

„Was müssen wir jetzt tun?", hörte ich meinen Schwager sagen. Er holte mich aus meinem Gedankennebel. „Ich selbst muss mit Max zur Polizeistation, um ein paar Unterschriften zu tätigen. Man hat mich angerufen. Es duldet keinen Aufschub."

„Ich werde ins Krankenhaus fahren", entgegnete ich ihm, „um zu sehen, ob man Marlene schon in die Leichenkapelle gebracht hat. Wir haben den gleichen Weg, wir hören uns am Telefon in 20 Minuten, wenn wir dort sind."

Ich fuhr die gleiche Strecke zurück, die ich schon vor einer Stunde gefahren war. Ich hatte mehr Fragen als Antworten bekommen. Ich musste mit meinem Vater telefonieren. Es ihm behutsam beibringen. Und was würde aus unserer Mutter werden? Sekündliche Gedankensprünge. Mutters Gesundheitszustand ließ nach einem Schlaganfall im Januar mit fast viermonatigem Krankenhaus- und Rehaaufenthalt nicht allzu viele schlechte Nachrichten zu. Sie hatte mühsam zurückgefunden, zurück ins Leben.

Einer der Fixpunkte zwischen Marlene und unserer Mutter war jeden Abend zwischen 18:00 und 18:30 Uhr ein gemeinsames Telefonat gewesen. Wobei Marlene meistens sprach und Mutter zuhörte. „Psychologischer Dienst Mama", nannten wir lachend und ironisch ihre Unterhaltungen. Es hatte beiden gutgetan. Routine in einer aus den Fugen geratenen, kleinen Welt.

Wie sich herausstellte, war mein Vater bereits von meinem Schwager informiert worden. Nur Mutter wusste von nichts. Sie war früh zu Bett gegangen und was würde es uns bringen, sie jetzt zu wecken? Es würde vermutlich für sehr lange Zeit die letzte Nacht bleiben, in der sie durchschlafen konnte. Ich vereinbarte mit meinem Vater, dass ich am kommenden Morgen um sieben Uhr bei ihnen vorbeikommen würde, um meiner Mutter behutsam das Ableben ihrer einzigen Tochter in meinen eigenen Worten beizubringen.

Als ich das Krankenhaus betrat und durch den hohen, etwas zu groß geratenen, hallenähnlichen Eingangsbereich ging, war niemand zu sehen. Unterkühlte Stille. Meine Schritte hörten sich laut an. Ich setzte mich etwas abseits gegenüber von der in der Nacht geschlossenen Bar auf eine nicht bequeme und am Boden festgeschraubte Bank, um auf Noah, meinen Sohn, zu warten. Er war Mitfahrer in einem der anderen Autos. Ein mir bekannter Krankenpfleger, der zufällig vorbeikam, begrüßte mich und erkundigte sich, ob ein Angehöriger oder Freund eine dringende Behandlung über sich ergehen lassen musste. Mitternacht war nicht mehr weit.

Nachdem ich dem Pfleger unsere Geschichte erklärt und er mir sein Beileid ausgesprochen hatte, bat er mich zu warten. Er würde nachfragen und in der Leichenkapelle nachsehen, ob man Marlene dorthin gebracht hatte. Nachdem der hilfsbereite Mann nach etwas mehr als zehn Minuten zurückkam und in der Zwischenzeit Noah den Weg zu mir gefunden hatte, wurde mir behutsam mitgeteilt, dass Marlene nie im Krankenhaus eingeliefert worden war. Verwunderung und leise Zweifel überkamen mich. Was war passiert? Warum war meine Schwester nicht wie üblich in der Kapelle aufgebahrt worden, um der Familie die Möglichkeit zu geben, Abschied zu nehmen? Wo war sie?

Jugendliebe

Schule war nicht Marlenes große Leidenschaft. Sie träumte sich lieber fort. Peter Maffay war ihr großes Idol, den hatte sie verehrt, den hatte sie geliebt, den hätte sie vom Fleck weg geheiratet. Eine über Jahre andauernde, platonische Schwärmerei. Im richtigen Leben gab es einige hartnäckige und liebenswerte Verehrer, die um sie buhlten. Leicht machte sie es keinem. Dafür sorgte schon unsere Mutter. Ihr monotones, allgegenwärtiges Mantra, das sie unentwegt und gebetsmühlenartig leierte, drehte sich immer und immer wieder um ihre Ängste, Marlene könnte, wie sie damals, ungewollt schwanger werden. Sie könnte sich so, wie sie lebte, ihre Zukunft verbauen durch ein nicht geplantes Kind.

Wobei unsere Mutter immer wieder einen wichtigen Aspekt aus ihren Augen verloren hatte. Marlene, ich würde es freundlich ausdrücken, war zu jener Zeit eher in der Fraktion Mauerblümchen zu suchen. Sie schnell im Vorbeigehen zu pflücken, funktionierte bei ihr nicht. Und bei jedem der Vorträge unserer Mutter fühlten Marlene und ich uns wieder ein klein wenig schuldiger. Schuldig, dass wir der Grund so mancher Streitereien gewesen waren, schuldig, dass wir der Grund von so manchem zerplatzten (Lebens-)Traum zu sein schienen.

Beinahe wäre Marlene eine gestandene Weinbäuerin geworden, mit einem sehr liebenswerten Mann, wie wir alle fanden. Wir mochten ihn alle, nur Marlene, die wollte ihn nicht, es wurde ihr langweilig und monoton mit ihm. Dieser arme Kerl war ihr nicht „Mann" genug.

Bis sie eines Tages auf ihren zukünftigen Ehemann traf. Der musste es sein, um jeden Preis. Zudem war er anfangs noch liiert mit ihrer Jugendfreundin, das machte es möglicherweise noch reizvoller, genau diesen Mann haben zu wollen. Er ähnelte nicht nur Peter Maffay, er wusste auch, wie mit Marlene umzugehen war. Kein „Schatz, magst du dieses unternehmen?" oder „Willst du dieses oder jenes machen?", kein „Geht es dir gut?" oder „Sag du, was wir machen sollen". Er war der Mann, der ihr die starke Schulter zu geben schien, an der sie sich anlehnen konnte, der sie führte, den sie gesucht und gefunden hatte.

Warten

Noah lauschte meiner Erzählung auf den unbequemen Sitzgelegenheiten im steril anmutenden Wartebereich des Krankenhauses.

„Freiwillig will keiner hier hin", hatte er noch gesagt. Wie abgesprochen telefonierte ich mit meinem Schwager.

„Das kann länger dauern", hörte ich ihn entnervt sagen. „Ich habe keinen blassen Schimmer, was die von Max und mir wollen."

„Marlene ist auch nicht hier im Krankenhaus", berichtete ich ihm.

„Was zum Teufel ist hier los?"

„Wir kommen vorbei, Noah kann dann mit dem Pfarrer oder Max zurückfahren." Wie es sich später herausstellen sollte, war dies für Noah und mich eine folgenschwere Entscheidung gewesen.

Die Polizeistation ähnelte einem Hochsicherheitstrakt. Sie ist wahrscheinlich gewollt unbehaglich, kühl und unwohnlich gehalten. Unterkühlte Zweckmäßigkeit umschreibt die

Räume und Gebäude nach meinem subjektiven Eindruck am besten. Wovon und vor allem vor wem sich unser Staatsorgan so fürchtete, konnte ich mir nicht erklären. Wären wir in Afghanistan oder einem anderen Krisengebiet irgendwo auf der Welt, dann könnte ich die zur Schau gestellte Bedrohung verstehen.

Noah und ich klingelten. Nach gefühlten fünf Minuten in der Dezemberkälte stehend wurde eine Tür geöffnet am oberen Ende des Treppenaufganges. Die Tür zum umzäunten, großzügigen Areal blieb vorerst noch Sperrgebiet für uns. Ich bedaure noch heute, dass wir nicht einfach umgedreht und heimgefahren sind, um uns zu Hause in unsere warmen, weichen Betten gleiten zu lassen. Ich hätte Zeit gehabt, das Geschehene der vergangenen Stunden zu reflektieren, mit der Trauerarbeit zu beginnen und einige stille Tränen über den Verlust meines Zwillings zu vergießen.

Die zahlreich angebrachten Kameras hatten uns schon längst im Visier, datiert, aufgezeichnet, registriert und durchleuchtet. Trotzdem, oder gerade deshalb, wurden wir forsch und bestimmt gefragt, was wir hier wollten. Ich erklärte den Sachverhalt, dass ich meine

Schwester verloren hätte und ich meinen Schwager und dessen Sohn noch im Gebäude vermutete wegen einiger Formalitäten. Wir sollten uns ausweisen und warteten in der Kälte. Immer noch der 27. Dezember, kalte Dunkelheit, Fassungslosigkeit, aufkommende Trauer, kurz vor Mitternacht.

Der Raum war ein bescheidenes Büro mit allerlei Unnützem in einem Regal, wild, lieblos und ohne Sinn abgelegt. Ein Schreibtisch. Ein Computer, der seine besten Tage bereits gesehen hatte. Zwei Stühle vor dem Selbigen, auf denen Noah und ich jetzt saßen. Nachdem man uns die Tür öffnete, wir den Treppenaufgang frierend erklommen hatten und die zweite Tür sich auftat, wurden wir ohne Ansage in den besagten Raum geschoben, vorbei an einem Warteraum, wo der Pfarrer und Max kauerten. Ich maßte mir an, die zwei Dasitzenden etwas fragen zu wollen und ohne Vorwarnung wurde ich dazu angehalten, nicht zu sprechen und weiterzugehen. „Reden verboten", war uns nahegelegt worden.

Es wurde eine sehr lange und einprägsame Nacht. Noah und ich, immer noch allein und wartend in dem beschriebenen Aufenthaltsraum.

Der Pfarrer mit Max im Wartezimmer. Meinen Schwager traf es am schlimmsten. Der wurde in Einzelhaft genommen. Er musste allein und über fünf Stunden in einem anderen Arbeitsraum ausharren. Langsam fing ich an zu begreifen. Unsere naive Vorstellung vom natürlichen Ableben meiner Schwester bekam Risse. Hektisches Gewusel der Polizeibeamten in Uniform, aber auch mir bekannte verdeckte Ermittler waren im Flur zu beobachten. Ein Kommen und Gehen. Autos fuhren vom Gelände und kamen zurück. So viel konnten wir hören und durch ein Fenster sehen. Die Uhr zeigte zwei Uhr morgens. Der Toilettengang wurde nur mit einem begleitenden Beamten gestattet. Der Beamte wartete so lange vor der Tür, bis auch der letzte Tropfen den Weg in die städtische Kanalisation gefunden hatte.

Wer sollte meiner Schwester etwas antun? Einer einfachen Frau, die ihr Leben in den vergangenen zehn Jahren aus den Händen gegeben hatte, die Dämonen von Pharmaka und Alkohol ihren Alltag bestimmen ließ. Die besitzergreifenden Eindringlinge in ihr Leben wurden in regelmäßigen Abständen versucht zu bekämpfen. Gott sei Dank leben wir in einem Land, wo alles erdenklich Durchführbare getan wird, um Sucht zu therapieren, wenn auch auf Kosten der Allgemeinheit. Wobei meine persönliche Meinung zu diesem Thema viel radikaler in meinem Denken verankert ist.

Sucht als Krankheit zu bezeichnen finde ich, gelinde gesagt, Unsinn. Jeder und Jede hat den vermeintlich freien Willen, die Substanzen, wie auch immer geartet, zu konsumieren. Keiner zwingt einen mündigen Bürger zu trinken oder irgendwelche bewusstseinserweiternden Stoffe zu sich zu nehmen. Niemand tut einem deshalb Gewalt an oder zwingt einen, unter Androhung von Schlägen die Stoffe zu konsumieren. Verstehen Sie mich nicht falsch. Ich verteufle den Konsum nicht, es geht mir um einen vernünftigen Umgang damit. Eine Zivilisation wie die unsere wäre ohne das Ur-Bier (vergorenes Getreide wie Urkorn) nicht möglich gewesen. Der Mensch ist durch dieses Gebräu erst sesshaft geworden, hat begonnen, Ackerbau und Landwirtschaft zu treiben. Die soziale und rituelle Klebekraft dieser Flüssigkeiten ist bis heute geblieben. Ein Glas Wein, ein Bier oder – wie Udo Lindenberg sagen würde – ein kleiner Eierlikör heben die

Stimmung. Es geht mir um den gewissenhaften Umgang mit Drogen aller Art. Im Besonderen aber mit Alkohol.

Meine Schwester war im Laufe der Jahre in vier Einrichtungen gewesen, um ihre „Krankheit" zu therapieren. Zweimal in einer Anlage eingebettet in einem einsamen Wald, eine wunderbare Einrichtung im Grünen. Und je einmal in der Provinzhauptstadt für einige Monate mit betreutem Wohnen und als Krönung in der Geburtsstadt von W. A. Mozart. Einige Male hatte Marlene für überschaubare Zeit Erfolge, war stolz auf sich und das Erreichte. Meistens aber waren ihre Dämonen stärker. Immer wieder öffnete sie ihnen ihre Willenstür und ließ sie eintreten, bei sich wohnen und gewähren. Ich denke, mit altbewährten Therapiemethoden war meine Schwester nicht behandelbar gewesen.

Verhör

Was man uns vorwerfe, hatte ich irgendwann den Staatsdiener am Eingang gefragt. Wenn kein Haftbefehl oder Verdachtsfall gegen mich oder meinen Sohn vorläge, würden wir es vorziehen zu gehen. Wir seien geschafft von der Situation, durstig und uns sei immer noch kalt. Ich war aufgebracht, müde und ich war traurig, machtlos.

Ich solle mich gedulden, der Staatsanwalt würde bald da sein. Wir dürften das Gebäude nicht verlassen. Wie denn auch, wir befanden uns allesamt in einem gefühlten Hochsicherheitsbereich. Oder freundlicher ausgedrückt, wir wurden mit sanftem Nachdruck gebeten zu bleiben. Am Ende des Tages kommt es auf dasselbe hinaus.

Ich dachte darüber nach, befreundete Rechtsanwälte anzurufen, verwarf den Gedanken aber wieder. Zum einen, es war zwei Uhr morgens, zum anderen, wie sollten sie mir helfen, wenn ich ihnen nicht präzise sagen konnte, warum wir festgehalten wurden?

Um halb drei Uhr morgens erbarmte sich ein Beamter und ließ zumindest den Pfarrer gehen.

Nach Absprache und einigen Telefonaten eines Zivilpolizisten mit wem auch immer wurde er in den frühen Morgen entlassen. Der Mittelsmann Gottes ließ sich nicht zweimal bitten und trat sogleich seinen Heimweg an. Die Schäfchen seiner Gemeinde brauchten einen ausgeschlafenen Seelendiener.

Max blieb allein zurück. Gerade erst hatte er die Mutter verloren, unsicher und vom Schock der Nachricht gezeichnet hockte er wie ein Häufchen Elend zusammengefallen im kalten Warteraum einer Polizeistation. Noah und ich gingen inzwischen den Flur auf und ab, widersetzten uns der Anordnung und konnten gelegentlich ein paar Worte mit Max sprechen. Als ich am darauffolgenden Morgen den Schrittzähler in meinem Smartphone auslas, wurden mir fast zehn Kilometer Wegstrecke angezeigt.

Dass meine Schwester einem Gewaltverbrechen zum Opfer gefallen sein musste, wurde uns bewusst vor Augen geführt, als Männer der Spurensicherung mit einem jungen, ehrgeizigen Staatsanwalt ankamen und geschäftig in der Polizeistation zu sehen waren. Sie brachen alsbald zum vermeintlichen Tatort, der

Wohnung meiner Schwester, auf. Fragmente an Informationen mehrerer Beamter, zusammengefügt wie ein Puzzle in meinem Kopf, wurden zu einem Ganzen, einem Bild zusammengesetzt und vieles machte Sinn. Dass man meinen Schwager intensiv befragte, ihn in Einzelverwahrung nahm. Wir getrennt gehalten wurden, um uns nicht absprechen zu können. Dass wir aber miteinander die halbe Nacht hindurch per WhatsApp kommunizierten, schien niemanden zu stören. Geschäftige und gut gedachte Polizeiarbeit mit kleinen Schönheitsfehlern. Ich habe einige Tage später erfahren dürfen, dass bei Verbrechen solcher Art die Hauptverdächtigen in bis zu achtzig Prozent aller Fälle im näheren familiären Umfeld zu suchen und zu finden sind. Dass in solchen Fällen das Individuum entmündigt wird, um das große Ganze zu sehen, habe ich in dieser Nacht leidvoll am eigenen Leibe erfahren müssen.

Die Uhr zeigte fast fünf Uhr morgens. Nach aufreibenden Stunden wurde ich für meine Aussage in ein Büro am Ende des Ganges gebeten. Meine persönlichen Daten wurden aufgenommen. Wann ich Marlene zum letzten Mal gesprochen hätte, war die erste Frage.

„Am Heiligabend nachmittags, da habe ich mit ihr telefoniert. Es waren etwas über drei Minuten, sehen Sie selbst im Verlauf meines Smartphones nach." Ich öffnete die Liste meiner Telefonate und zeigte sie den Beamten. Wobei ich mir persönlich sicher war, dass die Überprüfung unserer aller Telefone schon längst angeordnet worden war.

Wie das Verhältnis in den vergangenen Monaten und Jahren zu Marlene gewesen sei? Zweite Frage.

Meine Antwort: Ich hätte es nicht gutgeheißen, ihr ausgewähltes Leben. Den Umgang mit ihrer Sucht hätte ich nie akzeptiert.

Wann meine Eltern Marlene zuletzt gesehen hätten?

Vorgestern, am Christtag, den 25. Dezember, sei Marlene zum Mittagessen eingeladen worden. Vater hätte sie mit dem Auto abgeholt nach seinem Kirchgang und nach dem Essen wieder heimgebracht.

Dort hatte er ein Telefonat, das Marlene geführt hatte, mitanhören müssen. Sie schien einen neuen Mann in ihrem Leben sehr sympathisch zu finden, erzählte Vater später. Er sei wohl ein Bekannter aus unserem Dorf, der jetzt im Ruhestand ist. Sie schien sehr gelöst und glücklich zu sein. Und Vater glaubte, dass sie sich erholt und mit ihren Dämonen einen Waffenstillstand geschlossen habe. Was für eine Ironie. Jahrelange Bemühungen, die Sucht in den Griff zu bekommen, fruchteten nicht. Und als sich ihr Leben in eine bessere Richtung zu drehen schien, musste sie grausam, wie zur Strafe dafür, sterben.

Es hatte Filet vom Rind mit Papas Fritas (kleingewürfelte, gebratene Kartoffeln) und Rote-Beete-Salat gegeben, den mochte Marlene so gerne. Dass es ihr letztes gemeinsames Essen, ihre letzte Zusammenkunft mit ihren Eltern sein sollte, wusste zu diesem Zeitabschnitt natürlich keiner. Ich gab zu Protokoll, dass die Beziehung zu den Eltern recht gefestigt gewesen sei und dass Marlene zur Verabschiedung noch einen kleinen Geldbetrag als Geschenk von unserer Mutter zur Weihnacht mit auf den Weg bekommen habe.

Die Botschaft

Die Kirchturmuhr in Sichtweite der elterlichen Villa schlug sieben Uhr, als ich aus dem Auto stieg. In einigen Augenblicken würden die Glocken läuten, so wie an jedem anderen Tag im Jahr. Immer pünktlich zu dieser Zeit, außer am Osterwochenende. Eine Konstante. Ich hatte ein beunruhigendes Gefühl bei dem Gedanken, gleich an der Eingangstüre klingeln zu müssen.

Vor eineinhalb Stunden, nachdem ich ohne meinen Sohn die Polizeistation verlassen durfte und zurück in meine Wohnung gekommen war, hatte ich mich für eine kleine Weile ins Bett gelegt. Ich hatte nicht geschlafen, hatte meine geröteten und brennenden Augen nur geschlossen gehalten. Ein paar Tränen wuschen mir die Strapazen der vergangenen Nacht weg, seit Stunden hatte ich nur darauf gewartet, zu erwachen, die Augen zu öffnen nach einem dunklen Alptraum. Den schnellen Herzschlag durch ruhiges Atmen zu regulieren, den vor Angstschweiß gebadeten Körper durch eine erfrischende Dusche zu kühlen.

Nur, es gab da keinen Traum. Es war Realität, grausame Wirklichkeit. Meine Schwester war nicht mehr. Mein Vater öffnete die Tür. Versteinerte Miene. Ich erzählte ihm kurz zusammenfassend von unserer Nacht und meiner Vermutung.

„Wo ist Mutter?"

„Im Wohnzimmer, sie weiß Bescheid, ich habe es ihr gesagt."

„Und?"

„Sie nimmt es stoisch gelassen, ich denke, sie hat es noch nicht realisiert, ein Verdrängungsmechanismus zum Selbstschutz. Sie denkt, dass Marlene eines natürlichen Todes gestorben ist. Lassen wir sie vorerst in diesem Glauben."

Danach

Noah hatte mich angerufen, um mich zu informieren, wie der Rest der Nacht in der Polizeistation verlaufen war. Er war mit Max, ebenso wie ich, zu den letzten Tagen im Leben meiner Schwester befragt worden. Mein Schwager durfte dann doch nach nicht enden wollenden, nächtlichen Befragungen mit beiden Jungs in den schon jungen Tag aufbrechen.

„Schlaf ein wenig, ich habe deinen Arbeitgeber kontaktiert, dass du heute nicht kommen wirst. Es wäre unverantwortlich. Immerhin war Marlene deine Patentante, auch wenn sie diese Rolle manchmal in ihrem Sinne interpretierte, zum Leidwesen eines heranwachsenden Kindes.

Noah, du weißt, wie Marlene war. Sie war freundlich, liebenswürdig, starrköpfig, chaotisch, bauernschlau, eigensinnig, anspruchslos, ehrlich, opportunistisch, hypochondrisch und geradeheraus. Sie war streitbar, wenn sie sich ungerecht behandelt fühlte und verstand es, sich zu wehren. Sie litt in meinen Augen in abgeschwächter Form am Münchhausen-Stellvertretersyndrom." Dabei werden an Dritten, meistens Kindern, Krankheiten oder deren Symptome vorgetäuscht oder selbst verursacht, um anschließend auf teils unnötigen medizinischen Behandlungen zu bestehen und selbst die Rolle des Pflegenden zu übernehmen (so definieren es Wikipedia und Medical Tribune).

Ich musste, ob ich wollte oder nicht, für ein paar Arbeitsstunden in mein Büro. Jahresabschluss. Der erlaubte keinen Aufschub. Und das mit einem Mühlrad im Kopf. Alles drehte sich, klare oder strukturierte Gedanken waren schwer möglich. Meine Mitarbeiterin war aufmerksam und lobenswert umsichtig und hielt mir in den ersten schweren Tagen und Wochen so gut es ging meinen Rücken frei.

Erste Meldungen in sozialen Netzwerken über einen möglichen Mord an meiner Schwester wurden öffentlich. Wie von einer Gerölllawine wurden wir von immer neuen Botschaften überrollt. Das Bild von dem in den See geworfenen Stein und wie er von innen nach außen immer größere Kreise zieht, bewahrheitete sich binnen kürzester Zeit. Zuerst waren die

Meldungen lokal, dann regional, national und irgendwann international. Radiostationen und Fernsehsender überschlugen sich mit stündlichen Nachrichten. Wilde Spekulationen und Vermutungen machten sich breit. Der rechte Mob, ja, auch den gibt es immer noch in unserem Lande, hatte schnell eine schuldige Gruppe ausgemacht.

„Es waren mit absoluter Sicherheit die Ausländer, die Flüchtlinge, die Neger. Man sollte sie abschieben, oder besser noch, ersaufen lassen, im Mittelmeer. Die sollen dorthin zurück, woher sie gekommen sind, und nicht mit dem Flugzeug, nein, zurückschwimmen lassen muss man solches Gesindel. Schau dir doch dieses Pack an, einer von denen war es. Unsere Frauen sind nicht mehr sicher in diesem, unserem gesegneten, Land."

Die Flut der folgenschweren Worte verroht Hirne und Gesellschaft.

Und wir, die Angehörigen? Hilflos, inmitten eines Rudels von hungrigen Schakalen. Ausgeliefert. Ich schäme mich, dass solche Individuen Landsleute von mir sind. Ich hoffe innig, für all die Maulhelden und Aufwiegler, dass sie nie ihr Heimatland verlassen, dass sie nie ihr Wertvollstes, ihr Leben, riskieren müssen für ein kleines bisschen Frieden oder Glück. Viele unserer Vorfahren mussten in den Kriegswirren des vorigen Jahrhunderts oder vom Hunger getrieben, auswandern. Haben wir die Väter unserer Väter schon vergessen? Und mit welcher dankenswerten Solidarität wurden unsere Landsleute in aller Welt aufgenommen? Sie durften sich niederlassen, Familien gründen, arbeiten und in Eintracht leben. Als Made im Speck oder Wurm im Apfel mit gemästeten Bäuchen und übersozialem Netz mit doppeltem Boden spottet es sich leicht über Benachteiligte, Vertriebene oder Vergessene.

Die Rolle der Medien in dieser Geschichte werde ich später im Buch thematisieren. Eines vorweg: Es gab sachlich argumentierenden Journalismus, aber auch Gegenteiliges, nämlich die reißerischen, auflagenorientierten, über sämtliche moralische Grenzen hinweg schreibenden Pressevertreter.

Es dauerte Tage und Wochen, um zu verinnerlichen, um einigermaßen zu verstehen, was passiert war. Diese Geschichte war nicht nach 90 Minuten vorbei wie der sonntägliche „Tatort" im Fernsehen, wo die Kommissarinnen und Kommissare mit dem Staatsanwalt, der Pathologie und einigen Zeugenbefragungen den oder die Täter ausfindig machen, um einen Fall zu lösen und ihn anschließend zu archivieren. Die Realität ist unglücklicherweise eine andere. Ein Film beleuchtet das Leid und den Schmerz der Hinterbliebenen meistens nur im Scheinwerferlicht von vorne.

Tagelange, quälende Schlaflosigkeit. Die beständig anwesenden und nagenden Gedanken mit dem immer gleichen Ende. Warum? Was hatte meine Schwester wem angetan, dass sie einen so furchtbaren Tod erleiden musste? Wie groß mussten der Zorn und die Lust am Töten oder der Hass gewesen sein, um einer gebrochenen Frau mit nur noch etwas mehr als 40 Kilogramm Körpergewicht, bei einer Größe von 1,70 Meter durch Schläge am Oberkörper, ins Gesicht und durch barbarische Strangulation am Hals das Leben zu nehmen? Waren es die paar Euro, die Marlene noch im Hause hatte, die übrig gewesen waren vom Geschenk der Mutter zur Weihnacht? Diese paar Silberlinge wurden samt Geldbörse mitgenommen, nachdem man Marlene hatte liegen lassen wie eine überfahrene Katze am Straßenrand in einer dunklen, regnerischen Novembernacht.

Hatte sie noch gelebt, nach der Tat? Wurde sie vergewaltigt? Hatte sie sich gewehrt, weil sie keinen Beischlaf wollte, weil sie in Gedanken bei einem aufrechten Mann gewesen war? Was wollte dieser Mensch von ihr? Wie gut hatte sie ihn gekannt? War es Eifersucht? Wurden ihr ungewollt Substanzen verabreicht? Wurde sie gefügig gemacht, durch Rauschgifte, K.O.-Tropfen oder Alkohol?

Und für uns Nahestehende, immer wieder als Endlosschleife, bohrend und hämmernd eingebrannt in Gehirnwindungen die eine, ultimative und folternde Frage: Warum?

Erstkommunion

Als Marlene und ich nach der Einschulung in die Volksschule zur Erstkommunion in die Kirche gehen mussten, sahen wir beide aus, als wären wir geschrumpfte Brautleute in geliehenem, weißen Spitzenkleidchen und kleinem, blauem Einreiher, Anzug mit Krawatte. Meine Schwester war hübsch in ihrer Prinzessinnenrobe mit weißen Handschuhen. Unschuldig. Ich selbst war hager, schlecht genährt, mit zu großen Ohren und schiefem Kurzhaarschnitt, den mir Vater mehr rupfend als schneidend verpasst hatte.

Essen gab es wenig, Geld war keines da und würde für lange Zeit auch keines da sein, erst recht nicht für uns Zwillinge. Hätte unsere Mutter nicht zusätzlich zu ihrer Arbeit die Nächte durchgestrickt (Pullover und andere nützliche Kleidungsstücke aus Wolle) für zahlende Dorfbewohner, wären wir möglicherweise verhungert. Ihr nimmermüder Einsatz hatte uns mit Sicherheit allesamt vor Schlimmerem bewahrt.

Der dorfbekannte Fotograf, eine kleine Berühmtheit und ein unverheiratetes Original mit starkem Hang zu alkoholischen Flüssigkeiten, wurde angehalten, Fotos vor und in der Kirche mit uns Kindern zu machen und uns nach der Messfeier zu porträtieren. Wie Kindersoldaten standen wir da, stramm und geradeaus blickend, ohne Regung. Unsere Bewaffnung eine lange Kerze vor den furchtsam blickenden Gesichtern. Keinen Mucks, kein Lächeln, ängstlich und eingeschüchtert von Pfarrer, Lehrer und dem Vater. Wir hatten Angst, etwas falsch zu machen, Angst, dass man sich schämen musste mit uns (so wurde es uns eingeredet) und Angst, das geliehene Gewand zu ruinieren. Die Leichtigkeit, die ein Kind in diesem Alter haben sollte, wurde uns mit Nachdruck und, wenn es sein musste, mit der offenen Hand ausgetrieben. Es wäre von Vorteil gewesen, hätte der Bildermacher einen Film eingelegt beim Porträtieren von uns Zwergen.

Eine Woche später. Wieder ein Sonntag. Wir mussten verkleidet, wie wir es schon in der Kirche gewesen waren, durch das halbe Dorf laufen. Unsere Köpfe gesenkt, voller Scham. Im Spalier, vorbei an den staunenden Gesichtern, die uns aus den Vorgärten musterten und nicht verstanden. Die Feier zur Heiligen Kommunion hatte doch schon stattgefunden vor sieben Tagen. Fragende Blicke. Manch einer glaubte, wir hätten uns im Datum geirrt und lächelte bedauernd milde. Wir waren geradewegs auf dem Wege in das Geschäft des Fotografen, um in seinem Studio (Keller) Versäumtes nachzuholen. Natürlich war diese Begebenheit für einige Tage das Gasthaus- und Dorfgespräch. Es gab wenig, worüber die einfachen Menschen hätten lachen sollen zu jener Zeit, da kamen Geschichten des Lichtbildners gerade recht. Es sollte von ihm nicht die Einzige bleiben, die zur Belustigung der Dorfgemeinschaft beitrug. Einige Jahre später hat man ihm die Eingangstüre zugemauert mit dem Vermerk „Wegen Reichtum geschlossen". Das ist aber eine andere Geschichte.

Man zerriss sich die Mäuler darüber, dass der gute Mann in der Kirche vergessen hatte, just in dem Augenblick, als wir Kinder zu porträtieren waren, einen Film in seine Kamera einzulegen. Ob er in den langatmigen Stunden der Kommunionsfeier Messwein vom Pfarrer oder Hochprozentigen von der Musikkapelle, die an solchen Anlässen immer aufspielte, um der Feier eine würdige Aufmachung zu geben, zu sich genommen hatte, wurde nicht überliefert. In der Nachbetrachtung bin ich froh, dass wir, wenn auch widerwillig, verspätet diese Bilder machen mussten. Es sind einige der wenigen Zeitzeugen unserer frühen Kindheit, die auf Fotopapier gebannt wurden. Ich denke, dass mir zusammengezählt nicht mehr als fünf Aufnahmen aus unseren Kindertagen geblieben sind.

Zwillinge, in unserem Falle zweieiige, die sich genetisch nicht ähnlicher sind als normale Geschwister, können durchaus verschieden sein im Aussehen, Charakter und in ihrem Seelenleben.

Bei Marlene kam erstaunlicherweise die Lebensfreude trotz mehrerer Rückschläge immer wieder zurück, auch wenn unsere Kindheitserinnerungen noch so düster schienen und noch so viele Tränen vergossen werden mussten. Marlene sah lieber das helle Licht, den Schatten, den wollte sie nicht. Meine Schwester lächelte Dunkelheit weg und war in ihrer Darstellung nach außen ein vermeintlich freier und heiterer Mensch. Meistens auch dann, wenn es nicht viel zu lachen gab. Ich habe mich oft gefragt, wann sie ihre Achtsamkeit verloren hatte, wann war sie leichtsinnig im Umgang mit sich selbst geworden? Wann und warum hatten die von ihr gerufenen Dämonen sie aus ihrem Zentrum gerissen?

Ich bin, so denke ich, in vielem abweichender gewesen als meine Schwester. Tiefgründiger, vielleicht verletzlicher, hatte möglicherweise auch mehr auf mich nehmen müssen und früh gelernt, mit Ablehnung umzugehen. Meine tief vergrabene, innere Melancholie und meine abgeheilten Seelennarben aus Kindertagen sind geblieben bis heute.

Erinnerungen von Hanspeter, (Ex)-Ehemann und Weggefährte von Marlene

Liebe und Ehejahre

Ihren persönlichen Peter Maffay hat Marlene 1981 dort gefunden, „wo sich früher halt alle so kennengelernt haben", erinnert sich Hanspeter, „in der Dorfdisco. Marlene stand einfach da in ihrem schwarz-weiß gepunkteten Minirock und sah sehr hübsch aus. Im Hintergrund spielte das Lied ‚Kleine Taschenlampe brenn". Die Disco gibt es schon lange nicht mehr", fügt er eher beiläufig an, „da haben sie einen Schwimm- und Saunatempel hingebaut."

Obwohl es nur der Hauch eines kurzen Augenblicks ist, entgeht mir nicht die Wehmut, die diesen Moment trägt. Gefühle, Erinnerungen, Augenblicke des sorglosen Glücks und der jugendlichen Unbeschwertheit gewinnen für einige wenige Minuten wieder die Oberhand, scheinen Gedankenaufsicht führen zu wollen. Die tief verschmolzene Liebe zwängt sich an die Oberfläche. So ist das mit der Wehmut, sie möchte gefühlt werden. Das starke Empfinden für jene Frau, deren Herz er in der Blüte seiner Jugendjahre als 19-Jähriger erobert hatte. Aus der anfänglichen Freundschaft, der selbst ein unfreiwilliges Trennungsjahr bedingt durch Hanspeters Militärdienst nichts anhaben konnte, wurde eine ganz große Liebe.

„Ja, nach dem Militär, da waren wir dann richtig zusammen." Sieben Jahre gehen sie miteinander Seite an Seite durch dick und dünn. Meistern gemeinsam Höhen und Tiefen in dem einförmigen Alltag in ihrem grünen Tal inmitten der Berge. 1989 sagen beide „Ja" und besiegeln auch offiziell ihren Bund fürs Leben.

1997 erblickt ihr gemeinsamer und einziger Sohn Max das Licht der Welt. Ein Wunschkind. „Wir haben es oft probiert, fast acht Jahre gehofft, Ärzte konsultiert, viel Rückschläge ertragen müssen. Ja, es war nicht einfach, aber dann ist er gekommen ..." Und er schien das Glück von Hanspeter und Marlene perfekt zu machen, zumindest für eine kleine Zeit.

„Wir waren ein gutes Team", erinnert er sich in Gedanken versunken, geistesabwesend. Beklemmende Stille. „Ja, das waren wir für eine Weile." Gedämpft die Worte, mit leerem Blick und gesenktem Kopf, Jahre zurückblickend in das Schaufenster ihrer vermeintlich heilen Welt, das sich in Wahrheit als erschreckend fragiles Glashaus präsentierte. Bald schon zeichnen sich erste Risse ab. Was in einem Menschen im tiefsten Inneren wirklich vor sich geht, lässt sich vor allem in der Nachbetrachtung nicht so leicht begreiflich machen. Der (unsichtbare) Feind lauert hinter den Kulissen, nähert sich auf leisen Sohlen, still und geduldig. Noch gehen beide gemeinsam weg, amüsieren sich, treffen Freunde auf einen oder mehrere gemeinsame Umtrünke. Lachen und vergnügen sich, schwimmen mit dem Strom der gesellschaftlichen Zwänge, tun es den anderen in ihrem Gesichtskreis gleich. Nikotin und Alkohol werden erduldete Begleiter, lösen Zunge und Hemmungen.

Anfang vom Ende

Irgendwann, fast unbemerkt, will Marlene nicht mehr mitkommen. Sie zieht es vor, zu Hause zu bleiben, igelt sich mehr und mehr ein. Erfindet Ausreden, gibt Wichtiges vor. Lange Zeit denkt sich Hanspeter nichts dabei. Das wird schon wieder, sie möchte für sich sein, so folgert er. Bis er dahinter kommt, dass seine Liebe, wenn er das Haus verlassen hat, er seine Freunde trifft oder zur Arbeit geht, heimlich trinkt. Allein. Leise. Hinter verschlossenen Türen, keiner soll es sehen, unter Ablehnung der Menschen, die ihr nahestanden. Er muss hartherzig verstehen, dass der Weingeist für Marlene schon lange kein Genuss mehr ist, sondern weit mehr. Eine Erkenntnis, die schmerzt.

„Das hat ziemlich lange gedauert, bis ich das gecheckt habe." Der übersteigerte Alkoholgebrauch entwickelt sich zu einem Problem, das sich langsam, aber beharrlich in ihrer beider Leben schleicht. Zu verstehen, wie die über Jahre geschaffene, aufpolierte Fassade zu bröckeln beginnt. Natürlich spricht er seine Frau darauf an, redet ihr ins Gewissen, ist bemüht zu helfen. Vor allem versucht er herauszufinden, was Marlene bewegt, ihrem unsichtbaren feuchten Feind (oder ist er ihr zum Freund geworden?) zu erlauben, seine selbstzerstörerische, einnehmende Macht über sie auszuleben. Einem Gegner, der immer öfter sein wahres und diktatorisches Gesicht offenbart. Der sich zu einem unfairen und übermächtigen Widersacher aufbläht, dem Marlene nicht gewachsen ist. Dessen gleichermaßen besitzergreifender wie vernichtender Anziehungskraft sie nichts entgegenzusetzen hat. Der seine böse Fratze im sicheren Würgegriff seiner Schlachtopfer zeigt.

Hanspeter versucht dagegenzuhalten, er kämpft um die Frau, die er geheiratet hat, in guten wie in schlechten Zeiten. Das hatte er ihr versprochen, vor Gott und der Welt schon vor Jahren, in der kleinen Kirche, vor Zeugen. Er ringt um eine gemeinsame Zukunft mit der Mutter seines Sohnes. Um (s)ein kleines Familienglück. Dieses aus den Fugen geratene, kostbare Stück heile Welt. Für Max, für Marlene und für sich.

Doch die Gefühlswelt seiner Frau scheint aus den Angeln gehoben zu sein in ihrer subjektiven Wahrnehmung. Sie fühlt sich verletzt und benachteiligt. Von den Eltern hintenangestellt. Den Brüdern kommt Aufmerksamkeit und Unterstützung zu, die sie selbst schmerzlich zu vermissen scheint. So spiegelt sich zumindest ihr persönlicher Sinneseindruck wider.

„Den Buben, besonders dem jüngeren, wird immer wieder weitergeholfen, mir nicht. Ich bin nur da, um zu arbeiten."

Worte der Verbitterung, die Hanspeter immer wieder zu hören bekommt. Die Besessenheit nach Wertschätzung, die aus dem vergorenen Traubensaft spricht, nach der sie sich seit vielen Jahren sehnt. Die Anerkennung, die sie wie ein Bettler ein kleines Almosen erbettelt.

Dabei ist das Verhältnis zu den Eltern nicht schlecht. Im Gegenteil. Lange Zeit arbeitet Marlene sogar im mütterlichen Wäschereibetrieb mit Freude mit. Bis sie eines Tages für sich entscheidet, aus dem heimischen Umfeld auszubrechen, auf der Suche nach Neuorientierung. Möglicherweise, um einer besorgten Kontrolle ihrer Mutter zu entgehen.

Zu Beginn ihres neu eingeschlagenen Weges versucht sie sich als Erzieherin, beaufsichtigt

Kinder, arbeitet in fremden Haushalten. Sie kümmert sich um den Nachwuchs ihres Bruders, ihre Neffen, die Nichte. Ihr zukünftiger eigenständiger Weg scheint vorgegeben, sie blickt nicht mehr zurück. Was bleibt, ist ihr Gefühl der Benachteiligung. Sie fühlt sich nur vereinzelt wichtig.

„Ich bin immer die Letzte, ich bin nichts."

Ein nagender Schmerz, der sich tief einbrennt in ihr Bewusstsein. Selbstzweifel und die eigene fehlende Wertschätzung nehmen dramatisch zu. Eine Teufelsspirale beginnt sich zu drehen, in nur eine Richtung, schnell und senkrecht nach unten.

Mehr trinken bedeutet mehr Selbstzweifel, weniger Eigenliebe bedeutet mehr trinken. In der bestehenden (Leistungs-)Gesellschaft wird beruflicher oder gesellschaftlicher Erfolg vor Empathie und soziales Pflichtgefühl gestellt.

Letzteres hatte Marlene zur Genüge. Was ihr in ihren Augen in der banalen Sicht der öffentlichen Wahrnehmung wenige Lorbeeren einbrachte. Ein wie auch immer angeeigneter Studientitel ist meistens mit Beifall behaftet. Welchen Zuspruch bekommen Berufe und Menschen, die nicht gesehen werden, ohne die – und sind wir erbarmungslos ehrlich – unsere Gesellschaft nicht funktionieren könnte? Die Mutter, der Müllmann, der Totengräber, die Pflegekraft, der Hausmeister, der Straßenkehrer, die Krankenschwester, das Kindermädchen und hunderte dieser dienenden Berufe mehr. Würde ich diese alle niederschreiben, es würde ein sehr dickes Buch werden.

Wann haben Sie, lieber Leser, den Menschen, die meistens funktionieren, ohne gesehen zu werden, Ihre persönliche Wertschätzung zum letzten Mal zum Ausdruck gebracht?

Zu Marlene hatte niemand aufgesehen. Niemand hatte sie bewundert. Keiner hatte sie verehrt, so wie sie es sich ersehnt hätte. Was Marlene nicht bedacht hatte: Leben ist jetzt und hier und nicht in irgendwelchen Liedern.

In klaren Augenblicken war das Verhältnis zu den Buben im Grunde ein Gutes. Sowohl zu ihrem Zwillingsbruder als auch jenes zu ihrem Halbbruder. Hanspeter erinnert sich noch gut an die chaotische und teils aufreibende Zeit, als ihr Halbbruder mit ihnen unter einem Dach lebte. An die internen Umzüge innerhalb des Hauses vom Erdgeschoss ins Obergeschoss und wieder zurück, um dem Nachwuchs des Bruders und der Schwägerin zu mehr Platz zu verhelfen. Das Ausräumen nagte an den Nervenkostümen von allen, aber „wir haben das alles gemeinsam geschafft, auch mit Marlenes Hilfe, sie hat das wirklich gerne gemacht, hat richtig mit angepackt. Damit hatte sie überhaupt kein Problem." Gemeinsam bewerkstelligen sie auch den Umbau des ersten elterlichen Hauses, in dem Bruder und Schwester jeweils ihr Nest gefunden haben.

Der persönlichkeitsverändernde Prozess verläuft langsam, schleichend, stetig. Wein und Medikamente, im Hause versteckt. In der Wäsche, der Küche, im Keller. Und immer bemüht, die Kulisse der heilen Welt aufrechtzuerhalten. Vor Hanspeter, den Eltern, den Freunden. Natürlich bemerken sie es irgendwann, ungläubig. Wenn der Wortschatz beim Sprechen wieder schwammig ist, die Unterhaltungen auf niedrigem Niveau verlaufen. Die Eltern setzen auf den Einfluss von Hanspeter, hoffen und erwarten, dass er sie zur Vernunft, zur Besinnung bringen kann. Er ist bemüht, aufmerksam und zuvorkommend, womit er oft genau das Gegenteil des Gewünschten bekommt. Er kann nicht mehr zu ihr durchdringen, perlt an der

Oberfläche ab. Es wird ein Kampf gegen Windmühlen, den Hanspeter, tief in seinem Inneren bedauernd, verloren gibt.

Es geht nicht mehr

 Max ist noch klein. Viel zu klein, um die großen Probleme seiner Mutter zu verstehen. Auch das ist ein Schlafräuber, der seinem Vater zunehmend Sorgen bereitet, wenn er bei der Arbeit ist, über Stunden abwesend von zu Hause, ständig begleitet von quälenden Gedanken. Und immer wieder Ängste, was geschehen könnte, wenn sie nicht auf den Jungen acht gibt. Immer öfter, wenn er von der Arbeit nach Hause kommt, findet er seine Frau schlafend vor. Er weiß, dass es so nicht weitergehen kann.

Und das sagt er ihr auch, manchmal auch mit Nachdruck. Er schüttelt sie, redet auf sie ein, droht ihr, fleht sie an, umarmt sie. Und hält zumeist nur noch eine Hülle der Frau, die er geheiratet hat, in seinen Armen. Marlene zeigt Einsicht, weint, fleht und verspricht, dass alles wieder gut werden wird und willigt ihrem Mann in den geforderten Entziehungsaufenthalt ein.

Die nachfolgenden Wochen im idyllisch gelegenen Therapiezentrum zeigen Wirkung. Körperlich und psychisch. Der Abstand zu den kräfteraubenden, persönlichkeitsvernichtenden Substanzen macht sich bemerkbar. „Ihr ist es richtig gut gegangen", erinnert sich Hanspeter so genau, als ob es gestern gewesen wäre. Dort, weg von zu Hause, ihrem „Freundeskreis", dem Alltag, da gelingt es ihr. Aber nur dort. Im geschützten Raum, im Kokon des Schmetterlings. Als sie Wochen später wieder nach Hause kommt, hält sie dem grölenden, jammernden Schreien der Dämonen erneut nicht stand, der süßen Verführung dieser Bestien. Sie desertiert in ihren Rausch, um etwas zu finden, das es dort nicht gibt: Sicherheit.

Aber aufgeben ist für Hanspeter (noch) keine Option. Die über Jahre gewachsene Zuneigung und Liebe scheinen stärker zu sein. Das denkt er. Immer noch sieht er Marlene und sich am Ende des steinigen Weges als Gewinner im Kampf gegen den rauschbringenden Widersacher. Ihren zweiten Entzug verbringt Marlene in einem Klinikum in Österreich. Wieder ist Hanspeter für viele Wochen auf sich allein gestellt. Zirkuliert zwischen seiner Arbeitsstelle, dem gemeinsamen Zuhause und seinem Sohn. Mit jedem Besuch bei Marlene wächst die Hoffnung, dass es ihr dieses Mal gelingt. Dass sie es schafft, nicht wieder rückfällig zu werden, trocken zu bleiben. Aber beide unterschätzen den hinterhältigen Rivalen.

Lange, nachdem auch diese Therapie abgeschlossen ist und wieder alle schmerzhaft erkennen müssen, dass die Hoffnung auf eine gute und normale Zukunft sich neuerlich zerschlagen hat, flüchtet Marlene zurück nach Österreich. Lässt Sohn und Mann, Brüder und Familien zurück. Bricht aus, weiß um ihre menschliche Schwäche, ist sich der Übermacht ihres Widersachers und ihrer Hilflosigkeit im Stillen längst bewusst. Unterschlupf findet sie bei Gleichgesinnten, Bekannten und dubiosen Freunden. Gefallene, wie sie selbst es ist. Menschen, die sie während ihrer Entzugszeit kennengelernt hat. Tage später fährt Hanspeter in die Mozartstadt, sucht und findet seine Frau in einem bedauernswerten Zustand und holt sie zurück nach Hause.

Auch der dritte und letzte Therapie-Aufenthalt bringt auf lange Sicht nicht den erhofften Erfolg, obwohl Hanspeter insgeheim noch an Marlene und dem Eheversprechen festhält.

„Eigentlich muss es ja nicht sein, dass man wegen so einem Scheiß auseinander geht, oder?"

Und trotzdem, „irgendwann wird man halt mürbe." Als Marlene auch diese dritte Möglichkeit nicht nutzt und wieder in die Abhängigkeit rutscht, ist Hanspeter kräftemäßig am Ende. Er gibt auf. Zu groß ist die Angst, vor allem um seinen Sohn. Da ist die Arbeit, die Schicht, jeden vierten Tag ist er 24 Stunden weg von zu Hause. Rechnungen müssen bezahlt werden. Eine Situation, mit der er gefühlsmäßig sehr schwer klarkommt. Oft fährt er von der Arbeit unangekündigt nach Hause. Es lässt ihm keine Ruhe. Nur um sicher zu gehen, ob daheim alles in Ordnung ist. Zumindest halbwegs. Die Ungewissheit zehrt an ihm. Max allein bei seiner Mutter zu wissen, auf die im Grunde kein Verlass mehr ist. Die nicht mehr reagiert, wenn sie angerufen wird.

„Das kann sich niemand vorstellen, wie schlimm so etwas ist. Du bist bei der Arbeit, kommst nicht weg und hast keine Ahnung, was daheim passiert."

Als er Marlene schlussendlich mit dem Thema Trennung konfrontiert, reagiert sie gelassen: „Ja, passt." Lapidar und kurz die Antwort. Kein Versuch mehr, an der Beziehung festzuhalten. Sie weiß, es geht nicht mehr, es ist vorbei.

Der Druck auf Marlene, ihre Dämonen hinter sich zu lassen, nimmt zu und kommt inzwischen von den verschiedensten Seiten. Auch die Dienststelle für Abhängigkeitserkrankungen ist involviert, sie sorgen sich um das Wohl von Max. Als sie auch ihre Termine beim Sozialdienst nicht mehr wahrnimmt, droht dem Jungen die Entnahme aus der Familie. Schließlich landet der Fall sogar beim Jugendgericht. Ein Verlauf, den so eigentlich niemand wollte. Und mit dem nur schwer klarzukommen ist. Marlene will weg. Von ihrem Zuhause, der Wohnung, den Menschen und dem Tal. Sie will niemanden mehr sehen. Aggressionen mischen sich in die Gespräche, die Harmonie von einst verblasst. Ihr Noch-Mann lässt sie gehen. In die kleine Stadt. Sie flüchtet in eine Mini-Wohnung. „Ein Loch war das, ehrlich, nicht mehr", erinnert er sich.

Der Kontakt zueinander bleibt bestehen, auch nach der Trennung. Ihm ist es nach wie vor wichtig zu wissen, wie es Marlene geht. Er lässt die Verbindung nie abreißen. Nicht wegen Max, nein, er möchte Marlene versorgt wissen. Noch immer hofft er, dass sie es eines Tages doch noch schafft. Vielleicht sogar gerade jetzt, allein, für sich. Obwohl er an eine zweite Chance für ihre Beziehung, eine gemeinsame Zukunft inzwischen nicht mehr recht glauben mag. Aber die Gefühle in ihm, die sind noch da. „Sie ist und bleibt die Mutter unseres gemeinsamen Kindes." Für eine kurze Zeit scheint sich das Blatt noch einmal zu wenden, es keimt Hoffnung auf. Nicht unbedingt zum Guten, aber doch zum Besseren. Marlene zieht sich aus dem Dunstkreis vermeintlich wohlwollender „Freunde" zurück, entwickelt ein Gespür für jene „Clans", die sie lediglich ausnutzen. Und bricht den Kontakt zu allen ab. Ihr körperlicher Allgemeinzustand verbessert sich zusehends. Von Fitness zwar weit entfernt, aber immerhin wissend, es ist der Preis, den es zu bezahlen gilt am Raubbau an Körper und Seele. Sie zieht in eine neue Wohnung. Hell und freundlich. Lässt das Wohnheim, in dem sie Unterkunft gefunden hatte, hinter sich. Sie reduziert im Laufe der Monate ihren Alkoholkonsum spürbar, hörbar.

„Das hat man schon am Telefon gemerkt, wenn wir miteinander gesprochen haben. Sie war wieder bedeutend besser drauf."

Der veränderte Zustand spiegelt sich auch in ihrer Gefühlswelt wider. Sie freundet sich mit einem jüngeren, wohltuenden Mann an. Aber diese Beziehung steht unter keinem guten Stern, das neue Glück ist nur von kurzer Dauer. Noch während die beiden zusammen sind, bemüht, ihre Süchte unter Kontrolle zu halten und sich der gegenseitigen Gefühle klar zu werden, setzt er seinem Leben ein freiwilliges Ende. Das „Warum?" bleibt offen. Marlene bleibt zurück, allein, zerbricht fast an Selbstzweifeln. Eine Situation, der sie sich stellen, mit der sie fertig werden muss.

Nach langer, schmerzlicher Zeit von Trauer und Resignation spricht Marlene auch über andere Bekanntschaften, fängt an zu erzählen und nennt Namen. Auch der Name ihres späteren Delinquenten fällt irgendwann im Zusammenhang mit einer Wohnung. Die beiden kennen sich nicht lange, flüchtig, vielleicht ein halbes Jahr. Es ist der Mann, der ihr das Leben nehmen wird, barbarisch. Was auch immer die beiden verbunden haben mag, eine Beziehung war es mit Sicherheit nicht. Final erfahren werden wir es wohl nie. Die, die etwas wissen, schweigen und diejenige, die etwas dazu sagen könnte, lebt nicht mehr.

Erinnerungen können wehtun. Besonders dann, wenn man sich ihre Einzigartigkeit, ihre Schönheit und ihren Wert bewusst macht. Oder aber ihre Vergänglichkeit. Es sind archivierte Momente für die Ewigkeit. Unauslöschlich. Der gemeinsamen Geschichte angehörend. Ich nehme meinen Schmerz wahr, der jedem Atemzug, jeder vergossenen Träne innewohnt. Der sprachlos macht. Der begreifen will, was sich nicht begreifen lässt.

Vorbereitungen

 Es gibt für alles ein erstes Mal. Der erste Kuss, das erste Kind, der erste Besuch in New York, die erste Auster, die nach Salz und Meer schmeckt. Der erste Flug im Hubschrauber, die erste Zigarette, der erste Dreitausender-Gipfel, der bezwungen werden muss, zum ersten Mal mit Haien schwimmen. Die Liste kann beliebig lang weitergeschrieben werden. Es sind genau die ersten Male, die durch ihre verursachten Emotionen, Gerüche oder tief verankerten Gefühle für immer in unseren Erinnerungen bleiben werden. Erste Male, die zu jedem beliebigen Zeitpunkt in einem Lebensgefühl, in Gedanken abrufbar bleiben. Mein erstes Mal bei einem Bestatter gehört in meiner persönlichen Erinnerungswelt unauslöschlich dazu.

Mein Schwager und ich verabredeten uns am späten Vormittag im Salon des Mannes, der den allerletzten Weg eines jeden von uns vorbereitet. Meine Eltern hatten mich gebeten, ihnen diese emotionale Last abzunehmen. In meiner naiven Vorstellung glaubte ich, dass sich die Vorarbeit für eine Beerdigung in wenigen Minuten regeln lassen kann. Vor wenigen Tagen war meiner Zwillingsschwester gewaltsam das Leben genommen worden. Wir wollten vorbereitet sein, wenn der Staatsanwalt den Leichnam nach der Obduktion freigeben würde.

Die Atmosphäre am Besprechungstisch in dem hellen Raum war sehr angenehm, ruhig und beschützend. Der Bestatter spürte unseren Schmerz, den Zorn über das Verbrechen und den Groll über die aufdringliche mediale Berichterstattung. Er spürte unsere Machtlosigkeit. Ruhig und mit gewählten Worten des wohltuenden Mannes arbeiteten wir Punkt für Punkt eine Liste ab, die maßstabsgenau den letzten Weg zeichnete. Sarg, weiße Blumen, Urne, Kirchenchor, Pfarrer, Kirche, Grabstätte, Kreuz, Vorbeter, Todesanzeige und noch einiges mehr. Die Trauerrede in der Kirche würde ich selbst sprechen.

Für Marlene ist alles vorbereitet, wie sie es sich gewünscht hätte. Ein Bild in der Todesanzeige, auf dem sie mit ihren prachtvollen Haaren zu sehen ist.

Annähernd jeder von uns mag an seinem Körper irgendetwas besonders gern, wie die Lippen oder Hände, das Hinterteil, das Lachen oder die gebräunte Haut. Bei Marlene waren es ihre Haare. Sie hatte irgendwann meiner Mutter gesagt: „Lieber durch eine Krankheit sterben als dadurch die Haare zu verlieren."

Sänger/innen mussten gefunden werden, die „Über sieben Brücken" von Maffay a cappella singen würden. Zudem ein Liedtext einer ihrer Lieblingslieder für die Todesanzeige:

> ... *du wirst tanzen, so als wärst du Musik*
> *du wirst leben*
> *so, als gäbe es kein Zurück*
> *du wirst lieben*
> *so, als ob's kein morgen gibt*
> *denn die Sonne ist da*
> *auch wenn der Himmel weint.*

Zwei Stunden später hatten wir die Vorbereitungen abgeschlossen. Mit der Hilfe eines Mannes, der seinen Beruf zu seinem Lebensinhalt gemacht hatte. Was fehlt, war meine Schwester.

Ich schreibe diese Zeilen in kurzer Hose bei offener Terrassentür und spüre die Kühle des Sonntagmorgens an meinen Beinen. Schaue hinaus auf das satte Grün der Wälder. Sehe die Berggipfel, wie sie langsam ihr weißes Kleid des Winters verlieren. Höre das Rauschen des Flusses in Sichtweite vor meinem Haus. Es ist Frühsommer geworden. Marlene aber liegt immer noch in ihrem kalten Sarg in der Pathologie. Sechs Monate sind vergangen. Ihren letzten Weg haben wir noch nicht mit ihr gehen dürfen. Eine sehr belastende Situation, vor allem für unsere Eltern und Maximilian. Meine Mutter hat sich auf ihre ganz eigene Weise mit der Situation arrangiert.

„Wir werden Marlene irgendwann bekommen und wir werden, so Gott will, eines Tages unseren Frieden finden. Stell dir aber die Angehörigen des Täters vor, die haben Lebenslang, die werden sich unaufhörlich die Frage stellen müssen, was ist falsch gelaufen mit diesem Mann? In diesem Drama gibt es nur Verlierer."

Im größten Schmerz noch mitfühlende Gedanken für die Not der Angehörigen des Täters zu finden, scheint mir gelebte Menschlichkeit zu sein.

Thailand, oder wie die Seele meiner Schwester ihre Freiheit gefunden hat

Etwa vier Monate nach dem verhängnisvollen 27. Dezember beschloss ich, etwas Abstand und Ruhe von der kräfteraubenden und unerträglichen Ist-Situation in meinem Leben zu bekommen. Ich war mit meinen Kräften am Ende. Mein Lieblingsrückzugsort, um zu mir zu kommen, mich zu regenerieren, wieder schlafen zu lernen, ist der Orchideenstaat Thailand. Obgleich der mir verhasste und anstrengende Flug und die Zeitumstellung in Kauf zu nehmen waren.

Ich habe die Menschen und ihre Kultur gerne in dem südostasiatischen Land. Ich mag es, an irgendwelchen Garküchen Gerüche von Curry mit gebratenem Knoblauch, Chilli und Zitronengras über mein Riechorgan aufzunehmen. Und ich mag es, am Straßenrand zu essen und als Beilage das belohnende, lebensbejahende

Lächeln der Thaiköchin zu erhalten. Und ich mag die Buddhistische Lehre mit ihren philosophisch-logischen Überlegungen. Ich mag es, wenn Alter und Lebensleistung von Menschen hochgeschätzt werden und nicht wie in einigen unserer westlichen Kulturkreise die Bejahrten zwischengeparkt werden in Sterbewartesälen, wenn sie lästig und unproduktiv geworden sind. In Asien ist das anders.

Ich erinnere mich, als ich mit meinem Vater zu seinem 75. Geburtstag auf einer thailändischen Insel Urlaub machte, wollte man ihn dabehalten. Attraktive Mittfünfzigerinnen baten mich, sich um Vater kümmern zu dürfen. Er war der heimliche Star mit seinen schneeweißen Haaren. Und glauben Sie mir, es hatte ihm gefallen, Mittelpunkt und Hahn im Korb zu sein.

Unterkunft hatte ich im Süden des Landes gefunden. Es war gerade noch Sommer, heiß und schwül, an der Grenze zur Regenzeit. Eine Woche verbrachte ich damit, wieder einigermaßen zu körperlicher Stärke zu kommen. Meine Seele würde noch viele Streicheleinheiten fordern, um zu gesunden. Schlafen, essen, schwimmen. Ich konnte nach einer langen, belastenden Zeit, in der ich funktionieren musste, anfangen,

Trauer zuzulassen. Vorgefallenes versuchen zu begreifen, um es bedachtsam aufzuarbeiten. In meinem Hoteldirektor, dem Westschweizer Pierre-André, hatte ich einen Verbündeten gefunden. Es fehlte mir an nichts. Immer neue Aufmerksamkeiten auf meinem Zimmer, die mich dankbar sein ließen. Seine Mitarbeiter im „Amari" waren angewiesen, mir fast jeden Wunsch zu erfüllen. Meine Schwermut aber konnten auch sie mir nicht nehmen.

Der Fahrer wartete am offenen Eingangsbereich des Hotels, wo sich Menschen tummelten. Ankommende wurden freundlich willkommen geheißen mit kühlenden Gesichtstüchern und einer kleinen Erfrischung. Abreisende wurden ergeben verabschiedet. Die Tagestemperatur zeigte fast 40 Grad mit einer Luftfeuchtigkeit von über 70 Prozent.

„Guten Tag, Sir. Ich bin für die nächsten Stunden Ihr Fahrer, Reiseleiter, Übersetzer und, wenn Sie so wollen, Ihr Gefährte. Sagen Sie mir, was zu tun ist und ich werde alles mir Menschenmögliche veranlassen, um Ihre Wünsche zu erfüllen. Der Direktor hat mich eingewiesen, ich weiß Bescheid."

„Ich brauche einen buddhistischen Mönch in einem Wat (Kloster), das von Touristen größtenteils verschont geblieben ist. Einen Kraftort. Ich brauche die Weisheit des Ältesten, sein Einfühlungsvermögen und seine spirituelle Begabung für eine Trauerfeier. Ich brauche sein Wohlwollen, einem Nicht-Buddhisten eine besondere Trauerzeremonie zukommen zu lassen."

Im viel zu kalt heruntergekühltem Wageninneren fuhren wir in Richtung Süden. Vorbei an Märkten mit hastiger Geschäftigkeit. Durch beschauliche, von Palmen gesäumte Straßen, kleine Dörfer und an langen Stränden entlang. Wäre der Anlass meiner Reise ein anderer, würde jedermann das Herz aufgehen beim Anblick dieses schönen Fleckchens Erde. Der Fahrer hatte einige Telefonate gemacht, sein Netzwerk befragt, um den richtigen Ort und das richtige Mönchskloster für mein Anliegen ausfindig zu machen.

Nach einer Stunde Fahrt bogen wir von der Hauptstraße ab. Vorbei an einer gelb-rot geschmückten Mauer, die den Blick von der Straße auf die Anlage nahm. Wir fuhren ein in ein gefälliges Gelände von der Größe einiger Fußballfelder. Unter einem schattenspendenden Baum kamen wir zum Stehen. Ein kleiner dekorierter Tempel linkerseits war das Erste, das ich zu sehen bekam. Der Fahrer hielt mich an zu warten und verschwand in der sengenden Hitze des frühen Nachmittages. Er ließ mich allein mit herumlaufenden Hühnern und mageren Katzen, die im Schatten der Bäume auf aufgeheizten Steinplatten einer kleinen Ringmauer dösten. Ich setzte mich auf die hüfthohe Mauer und lehnte mich an den Baum in der Mitte der Mauer neben eine schlafende Katze. Sie streckte, als sie mich bemerkte, alle Glieder von sich und wälzte sich auf dem Rücken hin und her. Dabei waren ihre Beine in den Himmel gestreckt und sie blinzelte in die Baumkronen, um mir zu signalisieren, jetzt wäre sie bereit für eine Dosis Kuscheleinheiten. Eine Hand kraulte die schnurrende Katze, die andere hielt das Smartphone mit einem Bild meiner Schwester auf dem Display. Ich würde später dem greisen Mönch, wenn er mich empfangen sollte, dieses Bild zeigen. Der Fahrer würde ihm, wie wir es auf der Fahrt besprochen hatten, jedes Detail meiner Geschichte mit dem tragischen Ende von Marlene überbringen.

Als der Chauffeur zurückkehrte von seiner Vorbesprechung mit einem der jüngeren Mönche, hatte ich längst eine tierische Freundin in Thailand gefunden. Mein Begleiter hatte mir ausführlich und detailliert von den Gesprächen und den nächsten Schritten hin zur Audienz beim alten, lobgepriesten Mönch berichtet. Bevor ich in den großen Tempel zur Zeremonie gelassen wurde, musste ich ein Antrittsgeschenk und einen kleinen Geldbetrag bereitstellen. Der Fahrer und der Ratgebermönch hielten ein Ordensgewand für die bevorstehende Regenzeit als angemessen. In einem einfachen Kuvert wurde ein bescheidener Geldbetrag vorbereitet. Das orangefarbene Gewand, dessen Farbe im Buddhismus für höchste Erleuchtung, Weisheit und Ergebenheit, aber auch Askese steht, wurde mir schön verpackt zusammengestellt. Ein buddhistischer Mönch besitzt zeitlebens nur seine drei Gewänder und eine Bettelschale. Geld oder Wertgegenstände, aber auch Frauen, dürfen weder berührt noch besessen werden. Die erworbenen Valoren gehören dem Konvent.

    Eine halbe Stunde später wurde ich samt meiner Gabe für den erleuchteten, alten Mönch in den Empfangsbereich nahe dem großen Tempel begleitet. Ich sollte durch eine übergroße, rot gerahmte und mit Goldornamenten gesäumte Pforte barfuß eintreten. Der Raum war stark und hell, mit einem satten, mohnblumenroten Bodenbelag ausgekleidet und im Gegensatz zum Tempel schlicht gehalten. Im hinteren Drittel des Raumes auf einem niedrigen Podest erhob sich ein prunkvoller, goldfarbener, thronähnlicher Stuhl, auf dem im Lotussitz (Padmasana) der alte Mönch saß. Rechts hinter dem Mönch stand unübersehbar eine mächtige Buddha-Statue, die den Besucher in ihrer gütigen Darstellung willkommen zu heißen schien.

Mein Begleiter blieb einen Schritt hinter mir und leitete mich unauffällig durch die Halle hin zum betagten Mönch. Auf dem Boden vor dem ansehnlichen Thron des greisen Seelenheilers lagen blauviolette, runde Kissen mit Elefanten als Muster und Verzierungen mit gefälligem Blumendekor, um bei der bevorstehenden Zeremonie schmerzfrei knien zu können.

Ich ging auf die Knie, wie es mir geheißen wurde, und überreichte demütig meine milden Gaben. Dem Ältesten wurde Wort für Wort meine nicht sehr angenehme Angelegenheit übersetzt und zugetragen. Er sah mich musternd durch seine alte Brille mit kleinen Augen an, erbat Wasser (etwa ein Glas voll) und eine Schale von einem Novizen. Das einfache silberfarbene Gefäß war mit buddhistischen Ornamenten und unbekannten Schriftzeichen versehen, abgegriffen und sicher viele hunderte Male in Gebrauch gewesen. Nachdem der Mönch einige Gebete gesprochene hatte, wurde die Seligkeit von Marlene durch Wasser geweiht. Während der ranghöchste Mann im Kloster murmelnd in immer gleichem monotonen Tonfall Marlene lobpreiste, sollte ich das Wasser langsam und stetig wie aus einer kleinen Quelle, die aus dem Berg entspringt, in das Gefäß laufen lassen. Dabei hielten sich einige Novizen und mein Chauffeur, die hinter mir knieten, an den Händen und mich an der Schulter. Wir waren folglich ein gemeinsamer Sender zu Marlenes Seele. Dadurch beförderten wir unsere guten Gedanken und Wünsche sowie die guten Taten meiner Schwester ins Wasser als Überbringer menschlicher Gedanken. Durch diese Zeremonie wurde ihre Seele ein Teil mit den Verdiensten, die an den Wasserfluss übertragen worden waren. Das gesegnete Wasser, das nach etwa einer Minute mit Gebeten und Mantras in das Gefäß geleert worden war, wurde am Ende der Zeremonie von mir ohne Begleitung und mit übervollen Gefühlen unter einem geschmückten, heiligen Bodhi Baum vor dem Tempel aus der Schale geleert. Danach war es die Aufgabe von Mutter Erde, Marlenes Seele weiterzuleiten an ihr Ziel.

Die Trauerfeier war tröstlich für mich. Ich hatte die Empfindung, dass die Seele meiner Schwester ab diesem Moment ins Licht gehen durfte. Frei war. Leicht und ohne Last. Und sie nicht in ihrem eisigen Grabe in der Pathologie in ihrem geschundenen Körper gefangen blieb.

Ich verabschiedete mich von dem faszinierenden Mönch, blickte ihn an und verstand ihn ohne Worte. Als wollte er mir sagen, alles wird gut, hab keine Furcht. Sanftmut und Güte spiegelten sich in seinem Gesicht wider, als er mich segnete.

„Unser ganzes Dasein ist flüchtig wie Wolken im Herbst; Geburt und Tod der Wesen erscheinen wie Bewegungen im Tanz. Ein Leben gleicht einem Blitz am Himmel, es rauscht vorbei wie ein Sturzbach den Berg hinab." Siddhartha Gautama (563–483 v. Chr.) erwachte unter dem Bodhi Baum und wurde zu Buddha.

Nach meiner ergreifenden Reise und den eingebrannten Eindrücken der Trauerzeremonie hatte ich das wohltuende Gefühl, besser atmen zu können. Der Druck in meinem Herzen war etwas gelockert worden. Man hatte mir im Wat beigebracht, dass nach der buddhistischen Lehre die Trauer 49 bis 100 Tage dauert. Danach macht sich die Seele auf ihren Weg, um eine bestimmte Wiedergeburt zu erlangen und gibt den Trauernden frei. Für mich, und ich denke auch für meine Familie, war es ein kleiner Trost, nach Monaten der erzwungenen Untätigkeit und unserem Schmerz zu wissen, dass die Seele meiner Schwester Ruhe finden kann. Bei einem „alltäglichen" Todesfall haben Familie und Freunde die Gelegenheit, zeitnah Abschied zu nehmen. Eine Abschiedszeremonie, mit welcher Glaubensausrichtung auch immer, ist für die Trauergemeinde der erste Schritt, mit Verlust umzugehen. Wir konnten das nicht.

„Wenn es nicht hilft, wird es schon nicht schaden", war die pragmatische Reaktion meines Vaters auf meine Totenfeier in Thailand. Es zeigte mir die Machtlosigkeit eines überzeugten Christen und unterstrich die Sehnsucht der Eltern, ihre einzige Tochter aufgehoben am Friedhof zu wissen. Seine Reaktion und das leidende Schweigen meiner Mutter waren die stille Zustimmung zu meinem Alleingang im thailändischen Kloster.

„Wir werden Mama irgendwann – wenn ein Untersuchungsrichter sich dessen bewusst wird, dass es nicht nur Rechte und fast schon Annehmlichkeiten für den Täter gibt, sondern auch die leidenden Nöte mit dem stechenden Schmerz und die tiefer Trauer der Angehörigen – begraben können. Wir werden in Würde Abschied nehmen von Mama." Die Worte von Maximilian ließen mich starr verharren und berührten mich nach meiner Rückkehr tief. Ich habe bei diesen Silben in die Augen eines jungen, betrübten und zutiefst leidenden, verbitterten Mannes gesehen. Und ich wusste, dieser Weg wird noch ein langer, steiniger und kraftraubender werden.

Erinnerungen von Maximilian, dem einzigen Sohn von Marlene

Wie weit reichen Erinnerungen eines 22-jährigen Mannes zurück in (s)eine Kindheit, die Außenstehende vermutlich weder als schön noch heil bezeichnen würden? Die für ihn aber ganz einfach normal war?

Wenn ein drei- oder vierjähriger Bub ein Zuhause, Mutter, Vater, Verwandte und Freunde sein Umfeld nennen darf, ist seine kindliche Welt vermutlich in Ordnung. Max erging es nicht anders. In diesem Alter ist für ein Kind alles Alltägliche genau so, wie es sein soll. Seine Kindergartenjahre verbringt er behütet mit Freunden, seinen Cousins, den Kindern seines Onkels. Als Einzelkind liebt er sowohl die gemeinsamen Unternehmungen mit den Eltern als auch die Gesellschaft unter Gleichaltrigen.

„Meine Freunde durften immer zu mir nach Hause kommen, mit mir spielen oder auch mal zusammen Abendessen, das war schön und überhaupt nie ein Problem. Mama war eine begnadete Köchin."

Mit dem Einschreiben in die Grundschule skizzieren sich erste Lebensveränderungen, die er bewusst wahrnimmt. Der Schulalltag ändert einiges und erweitert den Kreis seiner Freunde. Er verbringt weniger Zeit mit seinen Cousins, die ihm bis dahin Geschwisterersatz waren. Mehr und mehr fällt ihm auf, „dass die Mama schwankend verwirrt ist, es scheint ihr nicht gut zu gehen."

Noch lässt er sich dadurch nicht beunruhigen, probt tastend seinen eigenen Weg, durchläuft die Grundschuljahre, versucht „sein Ding zu machen." Die Nebeneinanderstellung mit anderen Müttern lässt ihn grüblerisch werden. Gibt ihm das Gefühl, dass mit seiner eigenen Mama etwas nicht stimmen kann. Er ist acht Jahre alt an jenem Abend, als er in seinem Zimmer liegt, sein Interesse auf die Musik im CD-Player gerichtet. Die Eltern sitzen nebenan in der Küche, unterhalten sich. Irgendwann macht er seine Klangwelten leiser und belauscht das

Gespräch seines Vaters mit Mama, hört, was er sagt.

„Jetzt ist Max alt genug, willst du ihm nicht endlich sagen was los ist …?"

Kann man einen 8-Jährigen mit der umfassenden Tragweite einer bitteren Situation konfrontieren, ihn wissen lassen, dass etwas ganz und gar nicht in Ordnung ist in seiner kleinen heilen Welt? Irgendwie fand sich in jenen Jahren nie der richtige Zeitpunkt. Dieser eine Moment, in dem ein Kind (sein eigenes Kind) aus dem bis dato behüteten Leben herausgerissen wird, um ihm, wenn auch behutsam, beizubringen, dass in seinem Zuhause vieles unnormaler ist als bei seinen Freunden. So vergehen für Max auch die Grundschuljahre, ohne wirklich zu verstehen, was und warum an Mama manches nicht „normal" ist. Da ist nur die „eine" Mama, es gibt keine zweite, um zu vergleichen.

Verantwortung

Lang vergrabene Erinnerungen, die ein Jahrzehnt zurückliegen, werden mit einem Mal lebendig. Erinnerungen an die liebenswerte Mutter und an die für ein Kind nicht verständlichen menschlichen Schwächen, die der Alkohol auslöst. Sie lagern abgelegt und verstaubt auf einem alten, dunklen Kellerregal in seinem Kopf, seit vielen Jahren, wo sie wahrscheinlich irgendwann auch für immer archiviert werden. Aber jetzt, in seinem tiefsten Schmerz, will (muss) er darüber sprechen. Er will seine Gedanken teilen, sie allen zugänglich machen, will aufrütteln, vor allem Erwachsene. Eltern.

„Wenn die das lesen, hoffe ich, dass sie sich zweimal überlegen, ob sie öfters oder regelmäßig trinken, sie Drogen oder bewusstseinsverändernde Medikamente zu sich nehmen, weil eben auch so etwas dabei rauskommen kann.

Ich erinnere mich, da war der letzte Tag des Jahres. Silvester. Vater ist bei der Arbeit. 24-Stunden-Schicht. Mama und ich gehen am Abend in ein Bistro-Kaffee, nur unweit von unserem Heimathaus. Von der Terrasse aus hat man einen schönen Blick über die verschneiten Felder, wo sich später nur Augenblicke nach der vollen Stunde die bunten Lichter der Knallkörper im gefrorenen Regenwasser des späten Herbstes spiegeln werden."

Beide wollen sich gemeinsam das Lichterspektakel zum Jahreswechsel ansehen. Ausnahmsweise darf Max lange aufbleiben. Nur ungern begleitet er die Mutter in den abgetrennten Raucherraum im überfüllten Lokal, aber sie bittet ihn darum. Sie will nicht allein sein, wenn sie sich Tabakdunst tief in ihre Lungen zieht. Jahre der geweinten Tränen sind vergessen oder verdrängt in solchen Augenblicken. Sie vergisst den steinigen Weg, den ihr Mann und sie gegangen sind, wo kein Krankenhaus zu weit, kein Preis zu hoch war, um dieses einzigartige Geschenk des Lebens zu bekommen: Max. Das eigene, gesunde, so sehnlichst erträumte Kind. Und jetzt nimmt sie den kleinen Zwerg mit in eine stinkende Raucherhöhle. Dann der erste Hochprozentige an der Bar.

„Mama, möchtest du nicht lieber ein Mineralwasser oder eine Cola trinken?"

„Nein Max, lass mich das trinken, was ich will."

Während Max später allein fasziniert das Feuerwerk bewundert, folgen der zweite oder dritte Whisky. Oder war es der vierte? Max kommt zurück, begreift die Situation und möchte nicht länger bleiben. Er drängt die Mutter mit sich aus dem Raum, hinaus in die kalte Winternacht. Der Weg ist nicht weit, aber die Straßen und Gehwege sind rutschig und eisig. Sie stürzt, fällt hin und bleibt liegen.

„Ich habe es einfach nicht geschafft, ihr auf die Beine zu helfen, weil ich zu klein war." Mindestens drei, vier Autos versucht er anzuhalten, um Hilfe zu erbitten. Aber keiner hat abgebremst. Max rennt über die Straße zur gegenüberliegenden Pizzeria, erklärt der Bedienung die missliche Lage. Sein Blick ist besorgt, er hat Angst, dass sich die Mama ernsthaft wehgetan haben könnte. Eine freundliche Kellnerin nimmt Max an der Hand, begleitet ihn über die Straße und hilft der Mutter beim Aufstehen, die noch immer regungslos auf dem winterkalten Gehweg liegt. Beide stützen und halten sie, verfrachten sie in das nahegelegene Zuhause. Max schließt mit letzter Kraft und seinen kleinen Händen die Eingangstür des Hauses auf, weil es seiner Mutter trotz zahlreicher Versuche nicht selbst gelingt.

Im Haus angekommen trifft der kleine Mann eine Entscheidung. Er möchte nicht, dass die Mutter den Rest der Nacht allein verbringt. Er will seine Mama bei sich wissen. Möchte sie beschützen oder, wie abwegig es auch klingen mag, sich beschützen lassen. Er bringt sie nicht in das Schlafzimmer der Eltern im Erdgeschoss, sondern wählt mit ihr den Weg in sein eigenes Reich, seinen Träumer-Raum, sein Kinderzimmer, einen Stock höher. Im angetrunkenen Zustand der Mutter schaffen sie es nicht, die Treppe hoch zu kommen und stürzen. Wieder ist er auf Hilfe angewiesen, weit nach Mitternacht. Seine Tante, eine gelernte Krankenschwester, die im Hause wohnt, eilt nach seinen Hilferufen zu den beiden. Sie bringen die Mutter gemeinsam ins Bett, decken sie zu mit einem Oberbett, frisch eingebettet, mit aufgedruckten Kindermotiven. Max legt sich neben seine Mama, um sie zu behüten.

Wenige Minuten später dreht sie sich im Halbschlaf um, liegt hinter ihm. Ihre Hand will ihn umarmen, sie drückt ihn fest, fast zu fest.

„Du Mama, pass auf, ich bin auch da." –

„Ach, das habe ich nicht einmal bemerkt ...", kommt unverständlich zurück. Geschichten und Worte, die bleiben. Genauso wie der eingehämmerte Eindruck, dass auf die eigene Mutter kein Verlass (mehr) ist.

„Als Kind denkt man nicht, die Mama ist nicht zuverlässig, aber man spürt es. Ja, das fühlt man einfach. Da gäbe es noch einiges zu erzählen. Zum Beispiel, als ich fiebrig krank war und Mama mich hat liegen lassen auf der Couch. Sie hatte mich vergessen, ihr neuer, flüssiger Freund war ihr wichtiger. Bis Papa heimkam. Da hat es nachher gekracht zwischen den beiden. Oder im Urlaub. Alles war so harmonisch, so schön. Wir waren wirklich glücklich, unvergessene Zeiten. Mama aber musste, als würde sie unter Zwang stehen, noch vor dem zu-Bett-Gehen einen Hochprozentigen trinken. Nach einem Aperitif und einer Flasche Wein mit Papa zum Abendessen. Der schöne Tag war mit Füßen getreten worden durch diese egoistische Bestellung an der Hotelbar."

„Wir sind doch im Urlaub, habt euch nicht so", waren ihre knappen Worte, bevor sie sich wegdrehte in Erwartung ihres „Seelentrösters".

„Sie hat Papa und mich für ein gefülltes Glas eingetauscht, ist damit eingetaucht in eine mir unbekannte Welt. Und sie hat sich immer häufiger und in immer kürzeren Zeitabschnitten eingeschlichen in unser Leben, diese gnadenlose und zerstörerische Droge. Es hat so viel Platz bekommen, so viel Aufmerksamkeit, so viel Zuwendung, dieses verdammte gefüllte Glas. Und trotz allem war sie meine Mutter, hat mich neun Monate unter ihrem Herzen getragen, mich geliebt, mir Sprechen und Laufen beigebracht. Eine herzensgute Frau war sie, ja, das muss man sagen. Auch wenn sie manchmal im Suff mir die Schuld für ihr bescheidenes Leben gegeben hat. Sie hat es immer wieder bereut, hat geweint am nächsten Tag. Hat sich geschämt dafür. In solchen Momenten war nicht Mama Herr ihrer Sinne, sondern wurde fremdgesteuert vom Alkohol. Das muss ich betonen, das zu sagen ist mir wirklich wichtig."

Timmy, die Hauskatze

Max ist 12, als Timmy, die zukünftige Familienkatze, in sein Leben tritt. Ein Glücksfall, fast schon Vorsehung. Die vertraute Nähe und der lebensbejahende Einfluss, den der feinsinnige Kater vom ersten Augenblick auf Max und sein Leben ausübt, werden bleiben. Wahrscheinlich für immer. Heute ist Max 22, Timmy 10 Jahre alt.

„Als die Mama gegangen ist, oder gehen musste, verordnet vom Sozialamt, da war ich 14. Timmy hat Mama noch erlebt. Er hat mir in der Zeit nach Mamas Weggang beigestanden, er hat mir den Halt gegeben, den ich brauchte. Und wir sind gemeinsam älter geworden. Timmy und Papa haben mich heranwachsen sehen. Dieses treue Tier war einfach bei mir, als wäre es vom Universum geschickt worden, um auf mich aufzupassen. Wir sind beste Freunde. Und ich sage es nicht gerne, aber wir sind uns charakterlich in manchen Wesenszügen und Marotten so was von ähnlich." Max sitzt da, in seinen Gedanken gefangen, sein Blick abwesend und fährt fort in seiner Erzählung.

„Auch wenn er nicht spricht. Er versteht mich und er weiß alles von mir. Dieses Wollknäuel von Katze fühlt, wie es mir geht – und wie war noch der Titel dieser Sendung im Fernsehen? In guten wie in schlechten Zeiten. Ich kann nur den Rat geben, wenn einem alles zu viel wird, sich ein Haustier zuzulegen. Es ist wahrscheinlich effektiver als jeder Psychotherapeut."

Und noch etwas ist blitzartig mit einem Mal wieder da. Wie eine beliebige Sequenz, vor- und zurückspielbar, eines aufgezeichneten Films. Max blickt kurz auf. Lieber wären ihm die Gedanken an eine Komödie, die lachen oder zumindest schmunzeln lässt. Oder einen Liebesfilm, der ihm die heile Welt da draußen zurückbringen kann. Aber seine nicht enden wollende Wiederholung bei Tag, aber vor allem in der Nacht, wenn er alleine ist und grübelt, leidet und weint, ist eine andere. Es ist seine eigene. Eine menschenverachtende, von Brutalität geartete Kriminalgeschichte. Als hätte der Anfang der Episode gerade eben stattgefunden, sie ist da, er spürt sie, diese schmerzhaften Lebenserinnerungen an jenen abscheulichen Dezembertag. Als sein nahes Umfeld gemeinsam da sitzt, zu Hause bei Max. Und er erfahren hat, was mit seiner Mutter passiert ist. An dem Ort, der für sehr lange Zeit auch für seine Mutter ein Daheim und ein Rückzug war.

Die Anwesenden sitzen am Tisch oder auf der Couch, die Tante hat eine Kerze angezündet. Schweigen, Stille, Hilflosigkeit. Inmitten kaum zu übertreffender Beklemmung. Da ist aber noch jemand, der den Verlust wahrzunehmen scheint und Max in diesem Moment auf seine ganz eigene Weise nahe sein will: Timmy, die Hauskatze. Ungeachtet der Personen im Raum geht der Kater unbeirrt und zielstrebig auf Max zu, blickt nur kurz zu ihm auf und springt mit einem Satz auf seinen Schoß. Er stößt mit seinem kleinen Katzenkopf an Max, an seine Hände, seinen Brustkorb und an seinen Kopf, streicht über sein verweintes Gesicht. Augenblicke, die Max verinnerlicht hat.

„Normalerweise würde er nie in einem Wohnbereich zu Menschen gehen, die er nicht kennt. Er wollte mir seine Zuneigung zeigen. Er wollte mir sagen, ‚ich bin da, was immer auch kommen mag.' Ich glaube, er hat gespürt, dass Mama gegangen ist, ich glaube, er hat meine tiefe Trauer gefühlt. Diese Erinnerung möchte ich behalten. Die Erinnerung an eine bedingungslose Liebe zwischen Mensch und Tier."

Dämmerung

„Ab der Mittelschule machte ich mir ernsthaft Gedanken und Sorgen über das Verhalten meiner Mutter und habe es kritisch hinterfragt. Ich glaube, da habe ich bewusst begonnen zu begreifen, was vor sich geht. Was da mit Mama passiert."

Es ist die Zeit im Leben eines Kindes, in der es anfängt, seine noch kleinen Flügel auszubreiten, um fliegen zu lernen. Eigene Gedanken zuzulassen, die nicht von den Eltern oder dem Umfeld implementiert wurden in dem reifenden Gehirn. Es ist die Zeit, in der der sich verändernde Körper und die eigenen Standpunkte kennengelernt werden, in der das Verhalten der Eltern kritisch beäugt wird. In der Eltern anfangen, peinlich zu werden, wenn sie nicht der Vorstellung der heranwachsenden Generation entsprechen. Unverständnis und Missfallen, gepaart mit verstecktem Zorn auf die so anders geartete Mutter, werden mit Nachdruck kommuniziert. Mit dem Vater und der Mutter. Der Gedanke, „Ja lass es halt, es ist dein Leben, deine Gesundheit, dein Körper, den du in kleinen

Schritten demontierst", zwängen sich auf. Es ist die Zeit, in der Resignation und Gleichgültigkeit am über Jahre langsam angelegten Schutzpanzer an Herz und Seele anfangen abzuprallen. Es tut weniger weh, perlt ab an der Oberfläche, wenn die Rüstung geschlossen bleibt, der Harnisch nicht geöffnet wird, um Licht, Luft oder Sonne hineinzulassen. Es ist zwar kälter, dunkler und einsamer darunter, aber auch schmerzfreier.

Max sieht die Mutter, die sich trotz aller menschlichen Schwäche bemüht, ihrer Rolle als Hausfrau gerecht zu werden. Sie gibt sich Mühe, sogar im veränderten Befinden der Trunkenheit, meint es gut mit ihm. Er spricht immer wieder mit ihr, um das „Warum" zu verstehen. Auch wenn die Gespräche erkennbar wenig Früchte tragen. Umso mehr weiß er, dass es den Blick nach vorne zu richten gilt. Auf sein eigenes Leben, seine Freunde, die Schule, den Vater. Nicht ganz und gar (nur) auf die Mutter fokussiert zu bleiben.

„Sie hätte auf mich schauen, auf mich acht geben müssen, nicht umgekehrt. Das hat mich zornig werden lassen, dass ihre Wahrnehmung dermaßen vernebelt war, dass sie mir einreden wollte, wie sehr sie sich gesorgt und gekümmert hat um mich. Da war ich 14 oder 15 Jahre alt. Ab da herrschte Funkstille zwischen ihr und mir. Wir haben uns selten gesprochen, einige Jahre lang. Ich habe mit meinem Vater gelebt. Mama war ja in die Stadt gezogen, in eine kleine Wohnung. Ich habe es als Befreiung eines Heranwachsenden empfunden, tun und lassen zu können, was ich für richtig gehalten habe. Meine erste Beziehung konnte ich leben, ohne dass meine Mutter sich aus der Entfernung eingemischt hätte."

Offenheit

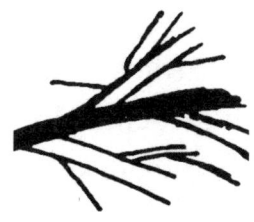

„Kurz bevor Mama gegangen ist, hat sie sich mir geöffnet", wirft Max in die Erzählung ein. „Es war das erste Mal, dass sie mir unmissverständlich und ehrlich ihre Sucht eingestanden hat. Sie hat mich nicht mehr angelogen, hat nicht, wie all die Jahre zuvor, alles abgestritten. Sie war, im übertragenen Sinne, nackt. Es muss eine große Überwindung für Mama gewesen sein, ja, das muss es wohl", erzählt Max mit belegter Stimme weiter. „Und sie hat bitterlich geweint, als wir uns ausgesprochen hatten. Fast so, als würden Freunde und Vertraute miteinander plaudern. Und dass sie den Traum, Goldschmiedin zu werden, begraben musste, weil die Eltern nicht viel damit anfangen konnten. Das wusste nicht einmal mein Vater. Ja, auch das hat sie mir erzählt. Was wäre wohl anders gelaufen, hätte sie dafür gekämpft, hätte sie sich der Meinung anderer widersetzt? Hätte sie für ihren Traum alles, aber auch wirklich alles getan? Papa hätte sie wohl nie kennengelernt, mich gäbe es nicht."

Eine einzige Weggabelung auf der Straße des Lebens nicht genommen, um das (eigene) Schicksal zu verändern.

„Sollte man Träume nicht leben? Alles in die Waagschale werfen, um glücklich zu sein? Meiner Mama wäre wahrscheinlich vieles erspart geblieben. Manchmal muss der steinige, steile Weg genommen werden, um an ein Ziel zu gelangen. Und manchmal wäre es klüger, die befestigten Straßen im Leben zu verlassen, um über Umwege dorthin zu gelangen, wo man eigentlich sein möchte. Was, wenn alles Vorsehung, alles bestimmt ist, was dann? Dann mussten Mama und Papa mich bekommen, wir mussten diese schweren Prüfungen gemeinsam meistern, für welchen Zweck auch immer."

Annäherung

Max nippt an seinem Wasserglas, seine Körperhaltung ist nicht die eines 22-Jährigen, vor Kraft strotzenden, jungen Mannes. Er wirkt gezeichnet. Sein Gesicht fahl und bleich, seine Augen von tiefer Trauer müde.

„In der Oberschule", fährt Max in seiner Erzählung fort, „da war ich an der Grenze zum Erwachsenwerden. Meine Festplatte da oben im Kopf wurde neu formatiert. Meine Gedanken und Empfindungen änderten sich. Ich begann, Mama zu vermissen. Es schien ihr in dieser Zeit nicht gut zu gehen. Ich habe es gemerkt, gehört an ihrer Stimme bei unseren seltenen Telefonaten, habe es gespürt. Sie hatte sich auf falsche Menschen eingelassen.

Ich erinnere mich, dass ich meinen Vater gebeten hatte, in die Stadt zu Mama zu fahren und dass wir sie, wie durch Zufall, auf der Straße gesehen haben. Abgemagert und verwirrt ging sie hilflos über den Zebrastreifen. Gehen, nein, es war kein aufrechter Gang, es war ein sich-über-die-Straße-Schleppen mit allerletzter Kraft. Diese Situation hat mich überfordert, das gebe ich gerne zu. Ich habe Papa gebeten, umzudrehen, um nach Hause zu fahren. Unverrichteter Dinge. Rückblickend empfinde ich es als extrem schade, weggefahren zu sein. Ich weiß, dass es falsch war. Ich hätte aussteigen, sie in den Arm nehmen und ihr sagen sollen, dass sie mir fehlt und dass alles gut werden wird. Aber ich wollte sie in diesem Zustand nicht mehr haben, wollte den Geruch ihrer von Spiritus durchdrungenen Haut nicht riechen müssen."

Die Sucht mit ihren Begleiterscheinungen verdeckt Marlenes Persönlichkeit. Für Außenstehende war ihr eigentlich liebenswerter Charakter, ihr wahres Ich, meist nur noch in Fragmenten erkennbar. Erst die Zeit der Entzüge in der Einsamkeit und der behüteten Struktur der Therapieeinrichtungen, die Tage und Wochen ohne ihren persönlichen Gegner, bringen ihr Lachen zurück. Ein Stück früherer, fast vergessener Leichtigkeit. Der Verlust der gemeinsamen Zeit mit ihrem Sohn schmerzt sie sehr. Sie schämt sich dafür. Die Mutter in klarem Zustand zu erleben, erweist sich als besonderes Glücksgefühl für Max. Etwas, das ihm all die Jahre vorenthalten wurde.

„Kann sein, dass sie früher auch mal ein paar Tage nüchtern war, aber da war ich vermutlich zu klein, um mich bewusst daran zu erinnern."
Charaktereigenschaften der Mutter werden wieder sichtbarer, gelangen von der verkrusteten Tiefe ihres vernachlässigten Lebens ans Licht. Max glaubt, sich zum ersten Mal darin zu erkennen. Sieht sich im Spiegelbild mit Merkmalen seiner Mutter. Der Kontakt zwischen Mutter und Sohn bleibt aufrecht, auch wenn die Begegnungen rar sind. Ein unsichtbares Band hält beide zusammen. Trotz der Schwere der Schuld, die Marlene auf sich geladen hatte, hält der Verbindungsknoten von Mutter und Sohn.

Viele Monate später, nach einigen Rückschlägen, erlebt Max noch einmal das sichtbar veränderte Verhalten seiner Mutter. Es geht zeitnah mit der finalen Distanz zu ihren angeblichen Freunden einher.

„Sie hat sich von allem Falschen losgesagt", so Max. „Schon das gesprochene Wort von Mama am Telefon klang verständlich und deutlicher. Auch ihre Körperhaltung verbesserte sich. Es ging ihr sichtbar besser."

Leider dauert der Zustand nicht allzu lange an. Ein für Marlene schwerer Schlag beendet grundlos die Hochstimmung. Ihre wichtigste Bezugsperson und Vertraute vom Sozialdienst wird unerwartet von der persönlichen Betreuung abgezogen. Der Kontakt beider Frauen ginge über die berufliche Distanz hinaus, so die lapidare Begründung. Marlene fällt für einige Zeit in ein tiefes Loch. Paragrafen sind nun mal wichtiger als das Wohl von Menschen. Dennoch ist es für Max ein Behagen, die Mutter noch einmal so glücklich erleben zu dürfen. Zu dem Zeitpunkt trinkt sie täglich nur noch ein Glas Wein, nicht mehr. Es ist ein selbst gewählter Kompromiss.

„Sonst hätte sie Medikamente zur Unterdrückung des Trinkverhaltens nehmen müssen." Sie ist überzeugt, dass ihr ein Glas Wein weniger schadet als das Medikament. Eine Entscheidung, die Max sogar nachvollziehen kann. Vor allem, weil es ihr tatsächlich gelingt.

Noch einmal versuchen Mutter, Vater und Sohn ein klein wenig an vergangene, gute Zeiten anzuknüpfen. Immer häufiger ist Marlene zu Besuch in ihrem alten Zuhause, hält Kontakt zu ihrem Exmann und Max. Heimweh keimt in ihr auf, sie vermisst die Menschen und ihr Tal. Sie sehnt sich nach dem kleinen Dorf, in dem sie geboren wurde. Der Wunsch, wieder zurück in vertraute Gefilde zu kommen, brennt in ihr. Sie ist auf der Suche nach einer kleinen Wohnung, um Max, den Eltern und den Menschen, die ihr etwas bedeutet haben, nahe zu sein. Ergebnislos.

„Das war sehr schade, wer weiß, vielleicht wäre dann alles anders gekommen?" Gedanken, die Max nachdenklich stimmen.

Ende

 Der erschütternde 27. Dezember ist für Max in zweifacher Hinsicht ein Tag, der an Trauer kaum zu übertreffen ist. Monate zuvor geht die Beziehung zu seiner damaligen Freundin in die Brüche. Die plötzlich entstandene Leere ist noch gegenwärtig, die Traurigkeit ein häufig gesehener Gast in seinem Alltag. Den Nachmittag des Tages, an dem seine Mutter schon leblos und unentdeckt in ihrer Wohnung liegt, verbringt er mit Freunden in der Stadt, wo er nach gefühlt endloser Zeit durch Zufall seine einstige Begleiterin wieder sieht. Die unerwartete Begegnung an diesem Wintertag lässt verheilt geglaubte Liebeskummerwunden wieder aufbrechen. Ein Gefühl, das sich für Max schwer zuordnen lässt. Wer schon einmal Liebesschmerz hatte, weiß, wie Max sich fühlte.

„Man muss sich das vorstellen. Am gleichen Tag habe ich zuerst meine Ex-Freundin wiedergetroffen, was schon ein Schlag in die Magengrube war, um dann, ein paar Stunden später, zu erfahren, was mit der Mama passiert ist. Manchmal kommt wirklich alles zusammen."

Emotionskarussell. Die sich überschlagenden Erlebnisse dieser Tage stürzen Maximilian in ein tiefes, gefühlsträchtiges Jammertal.

Tage und Wochen vergehen, die Max zu Hause verbringt. Zumeist allein, er verschanzt sich. Mag niemanden sehen, spricht kaum, außer mit seinem Vater. Er isst nicht mehr, lässt sich gehen. Seine sich genommene Nachdenkzeit lehrt ihn, das Geschehene zu begreifen. Er versucht, mit der garstigen Situation umzugehen, mit seinem Schicksal einen Pakt zu schließen, ein Friedensangebot seiner unkontrollierbaren Gedankengewitter anzunehmen. Fragen zwängen sich ihm auf.

„Was wäre passiert, wenn ich genau in dem Moment dazugekommen wäre? An der Wohnung geklingelt hätte, um Mama zu besuchen. Wenn ich es gesehen hätte? Ich weiß wirklich nicht, was dann geschehen wäre."

Gemütsempfindungen, die sein Hirn zerfurchen. Verbitterung kommt auf. Gedanken an Vergeltung, Rache, auch Selbstjustiz, zwängen sich ihm auf. Gedanken sind frei.

„Nein, bereuen würde ich es vermutlich nicht, wenn ich ihm eine in seine abartige Visage gehauen hätte. Auch wenn es sich dumm anhört wegen der wahrscheinlich zu erwartenden rechtlichen Konsequenzen."

Wochen später spricht er auch mit seinen Freunden, die selbstverständlich Bescheid wissen über das, was passiert ist. Die Presseabteilungen der Printmedien und das Internet haben ganze Arbeit geleistet. Halb Europa kennt die Geschichte und viele Reporter hatten sich, manchmal seriös und öfters reißerisch, auf die Geschichte gestürzt. Einer von Max' Freunden kennt den Täter vom Sehen aus früheren Tagen von älteren Geschichten. „Der Typ ist nicht ganz dicht", so seine persönliche Meinung von der Person, die ein Leben genommen hat. Von der Person, die Gott spielen wollte. Kurz und knapp, es sagt vieles, mit Raum für Spekulationen.

    Max hat sein eigenes Bild gewonnen von dem Menschen, der das Leben aller in der Familie und seinem intimen Umfeld kurzerhand verändert hat. Er will sich nicht ausmalen, was es für ihn bedeuten könnte, würde er dem Schurken unvorbereitet gegenüber stehen. Was wäre dann?

    „Aber ich denke, nein, ich bin mir nahezu sicher, dass ich ihm nichts antun könnte. Es ist nicht einfach, mit solchen Denkübungen klarzukommen. Sie verfolgen dich nachts in den Träumen und wenn man tagsüber darüber spricht, kommt alles wieder hoch. Dann ist mit einem Male alles wieder da, zwängt sich ungefragt an die Oberfläche. Für viele Stunden. Ich wünsche diesem Menschen nichts Gutes. Er ist für mich ein Niemand. Eigentlich ist er ein lebender Toter, ein Zombie sozusagen, für den Rest seines Lebens. Und was mein Onkel, der Zwillingsbruder von Mama, in Thailand vom alten Mönch gelernt und mir auf meinem Weg mitgegeben hat, tröstet mich: ‚Das Karma ist durch den Menschen beeinflussbar und nicht vorbestimmt. Jeder übernimmt Verantwortung für sich selbst, denn das Karma bestimmt die Wiedergeburt.'

Wenn dem wirklich so sein sollte, wird diese Person als niedrigstes Wesen wiedergeboren werden. Als Kakerlake oder glitschiger Wurm. Gerechtigkeit kommt so oder so zum Tragen. Ob durch die weltlichen Instanzen unserer Gerichte oder durch die Mächte aus der Anderswelt.

Ich bin froh über die Menschen, die mich in den vergangenen Monaten begleitet haben, in meinen dunkelsten Stunden. Sie waren da als

Kraftquellen, die mich vom Finsteren ins Licht führten, wann immer ich sie brauchte. Menschen, auf die ich mich verlassen kann. Menschen, die mich an der Hand nehmen und mich aus meinem persönlichen Jammertal begleiten. Dafür danke ich ihnen, aus der Tiefe meines Herzens. Unser Schmerz wird vergehen, aber die Trauer wird bleiben, ein Leben lang."

Unfassbar

 Da bin ich wieder, wie an jedem Tag der Woche seit Marlenes Tod, pünktlich um 16:30 Uhr in der Küche, im Haus nahe der Kirche, die Tür zur Terrasse einen Spalt geöffnet. Früher habe ich meine Eltern einmal, vielleicht zweimal wöchentlich gesehen. Manchmal haben wir telefoniert. Jetzt, da meine Schwester nicht mehr ist, sehen wir uns täglich, wenn es meine Zeit zulässt. Eine Konstante. Es ist mir wichtig zu wissen, wie es den beiden geht, ob Hilfe oder Zuspruch gebraucht wird. Wir sind enger zusammengerückt, eine Schutzreaktion der Sippe mit zweifellos therapeutischer Wirkung. Katastrophen und elende Zeiten werden nachdrücklicher Seite an Seite verbracht als Jubeltage. In schlechteren Zeiten funktioniert gefühlt das eigensüchtige, ichbezogene Individuum in der Gruppe besser. Gleichheit in einer Notlage erzeugt Einigkeit. Andersrum fände ich

es erfüllender. Glück zu teilen, ohne Bitterkeit, ist der Seelenschönheit Freu(n)d.

Ein leichtes Lüftchen zieht in den Raum, wo noch eine kleine Feinheit von gebratenen Zwiebeln vom Mittagessen in der Luft hängt, in dem ich mit meinen Eltern wortlos sitze. Nach einem langen Telefonat mit unseren Rechtsanwälten am frühen Nachmittag und einer gefühlt hunderte Male gelesenen E-Mail, die uns eine Erklärung versprechen sollte. Die mir aber bei jedem gelesenen Wort die Zornesröte und ein entsetztes Unverständnis ins Gesicht bohrt.

Ich mustere meinen Vater, der rechts von mir auf der Eckbank sitzt, den Kopf gesenkt, seine Augen entkräftet. Hinter ihm, auf dem schmalen Sims der Küchenbank, sind einige wichtige Medikamente präzise gestapelt, beschriftet und immer parat, zum Wohle der Bejahrten.

Mir gegenüber auf dem Stuhl sitzt meine Mutter, seitlich und schräg, unruhig und getrieben und wie immer auf dem Sprung. Nach ihrem Schlaganfall im vergangenen Jahr hat sich ihr Wesen verändert. Wie ich finde, nicht zum Schlechteren. Möglicherweise durch die viele Medikation, vielleicht aber auch durch die

Nahtoderfahrung. Sie ist getriebener und rastloser geworden. Auch wenn es im Widerspruch zum fieberhaften Drang steht, nicht restlos nutzlos zu sein, ist in ihr eine Frau erwachsen, die ihre Mitte gefunden und ein stilles Abkommen mit ihrem bereiteten Schicksal getroffen hat. Es macht sie schon ausgeglichener, wenn es nur eine benutzte Tasse ist, die sie mit ihrer guten rechten Hand in die Spülmaschine schichten kann. Ihre linke Hand lässt bisweilen Sachen fallen. Sie ist kraftlos und unkalkulierbar geworden nach der Attacke auf ihr Gehirn an diesem Januarmorgen im vergangenen Jahr. Das Gesichtsfeld ist eingeengt, was meiner Mutter Schwierigkeiten beim Treppensteigen verursacht.

„Was hat sich der Untersuchungsrichter um Gottes Willen dabei gedacht, als er den Antrag unterschrieben hat?", fragt mich Vater mit leiser Stimme und immer noch gesenktem Kopf, den starren Blick auf die schöne Tischdecke gerichtet, die vor dem Essen zum Schutze derselben vom Tisch genommen wird.

„Das kann nicht sein und es darf nicht sein. Der Beschuldigte kommt frei. Ja. Was ist mit uns, mit unseren Gefühlen, mit unserem

Schmerz?", stammelt Mutter. „Wir haben dem Richter doch geschrieben, ihm unsere Sicht erklärt. Was ist mit unseren Alpträumen, unseren noch immer schlaflosen Nächten? Was ist mit unseren schweißgebadeten Leibern der Nacht, wenn Marlene sich meldet, von drüben, und wir nicht helfen können?

Unser Anwalt hat einen Einwand verfasst und eingebracht. Zählt das alles nichts? Max hat seine Ängste formuliert, in einem offenen Brief. Seine Furcht, dem Täter zu begegnen, irgendwann, ihm in die Augen schauen zu müssen. Dem Mann, der Mutter, Schwester, Frau und Tochter das Lebenslicht ausgeblasen hat. Seine Ängste, dass weitere Unschuldige zu Schaden kommen könnten. Zählen wir nichts?

Wir sind niemand, zumindest nicht vor der Rechtsprechung. Wir sind keine Opfer, hat man uns ausrichten lassen. Das einzige Opfer in dieser Geschichte liegt in der gekühlten Wartehalle für den letzten, unumkehrbaren Weg dort in der großen Stadt, dort in der Pathologie. Wenn wir keine Opfer sind, was sind wir dann?"

Es ist Juli geworden, in einem bis dahin von Hitze und Unwettern geprägten Sommer. Klimawandel. Die Witterung in diesem Jahr spiegelt treffend die Gemütsstimmung der engsten Familienangehörigen von Marlene wider. Von ruhigen und sonnigen bis von Donner und Zornesblitzen geladenen Tagen in den Köpfen und Hirnen ist alles dabei.

Sieben Monate nach diesem von Schmerzen belasteten Tag in unserer Familie. Der Mann, der meiner Zwillingsschwester das Leben genommen hat, ist vorerst freigekommen. In Hausarrest. Die Überstellung in „häuslichen Gewahrsam", mit Pizza, Kaltgetränken und einem rundum Sorglospaket haben seine Anwälte beantragt. Und dem wurde stattgegeben. Das verstehe, wer will. Was vom logischen Hausverstand als realitätsfern und entrüstet aufgenommen, aber nicht verstanden wird, scheint mir durch richtige Auslegung der Gesetze mühelos möglich zu sein. Nur zwei Tage zuvor, ehe das Gerichtsgutachten zum Hergang des Todes meiner Schwester öffentlich werden sollte. Ein Schelm, wer Böses dabei denkt. Die zeitlich präzise geplanten Abwicklungen der „Heimholung" können kein Zufall gewesen sein. Vermutlich war die Expertise der Gegenpartei vorab bekannt gewesen. Hätte das Gutachten die Unfall-Theorie des Delinquenten und dessen Verteidiger gestützt, hätte man getrost diese zwei Tage abgewartet, um den Beschuldigten anschließend mit Pauken und Trompeten sowie viel werbewirksamen Pathos als freien Mann zu entlassen. Da aber eindeutig Tod durch Strangulation von hinten (einer gebrochenen, gezeichneten, schwachen und wehrlosen Frau) aus dem Gutachten hervorgegangen ist, wurde die Flucht nach vorne angetreten. Anders ist der gewählte Zeitpunkt nicht zu erklären.

Wie denken Sie, fühlten sich meine Eltern, der einzige Sohn mit seinem Vater, der Bruder und ich, nach dieser Botschaft? Ein Schlag in unsere Gesichter, ein K.O. aus der Ferne, aus der Anonymität. Hinter geschützten Mauern und Paragrafen der Justiz. Für uns ist es ein Armutszeugnis, mit welcher Einschätzung geurteilt wurde. Nur einen Tag später, nachdem der Hausarrest bestätigt war, hat man das Gerichtsgutachten zum Ablauf der Tat als Expertise öffentlich gemacht. Erst ab diesem Moment konnten auch unsere Anwälte Einsicht nehmen. Tags darauf berichtete die Medienlandschaft ausführlich vom Gutachten, ohne jedoch die Verknüpfung im zeitnahen Zusammenhang der Freilassung ausführlich zu thematisieren. Die Quintessenz des Gutachtens: Maria Magdalena, meine Schwester, wurde von hinten erdrosselt. Damit stand der Unfall-Theorie, an der sowohl Täter als auch Verteidigung all die Monate stoisch festgehalten hatten, der Vorwurf des Mordes gegenüber.

Der Freitagabend-Mann
(oder die schrecklichste aller Gelegenheiten ist die Not.
Oder Erinnerungen von Herrn X.*)

 „Angesichts persönlicher Krisensituationen können sich individuelle Angstsymptome verselbstständigen und so lange verstärken, bis alles schier unlösbar scheint. Ein Patient, der einmal in einen solchen Angstkreis hineingeraten ist, vermag sich aus eigener Kraft nur schwer zu befreien. Dabei ist es im Grunde nicht viel, was er braucht: Angstfreie Gelassenheit bei Tag und psychovegetative Entspannung bei Nacht. Damit er seine Probleme lösen kann, statt sie zu verdrängen. ‚Tavor' entzieht der Angst den Boden."

Soweit der Auszug aus einem von vielen Szenarien, mit denen ein amerikanischer Pharma-Riese den Doktoren seinen Seelentröster „Tavor" ans Herz legt.

*Name geändert

Der Frau kann also geholfen werden, sie ist ein Fall für „Tavor". Die kleine Glückspille, ein rezeptpflichtiger, sogenannter Tranquilizer, die Ängstliche gelassen, Nervöse mutig und Schlaflose nachts träumerisch machen soll. Eine Wunderdroge also, die alle Tröstungen des Alkohols und des Christentums vereint, ganz ohne Kater und Kopfschmerzen? Weit gefehlt. Denn:

„Was Sucht und Missbrauch angeht, ist Tavor das schlimmste Benzodiazepin-Präparat. Innerhalb kurzer Zeit kann sich dadurch zuerst eine psychische, später auch körperliche Abhängigkeit herausbilden. Die erwünschten Effekte sind nur noch durch eine Steigerung der Dosis zu erreichen", urteilt ein anerkannter Pharma-Kritiker, dem andere Sachkenner zustimmen (Auszug aus der Zeitschrift „Der Spiegel", Dezember 1987).

In unseren Breiten werden Benzodiazepine-Präparate wie Schokopralinen verschrieben und mit einem Füllhorn über die Patientenschaft für diverse (seelische) Beschwerden verteilt. Zum Wohle des Leidenden oder dem überforderten Gesundheitswesen und deren Diener? Oder doch zum Wohle der Aktionäre von Pharma-Aktien? Das wird die zu beantwortende Frage sein (Aussagen einer Patientin nach einem persönlichen Schicksalsschlag).

Es muss so vor acht, vielleicht neun Jahren gewesen sein, als Marlene ihren Wohnort samt Familie verlassen muss und in die Bezirkshauptstadt zieht. Dort wird Herr X. ihr Vertrauter. Woher er kam, ob er Einheimischer oder Zugereister war und wie sie ihn enger kennengelernt hatte, entzieht sich meiner Kenntnis. In der Wahrnehmung des Pensionärs, der altersbedingt nur noch wenige Stunden arbeitete, scheint noch einmal die schöne und attraktive Frau, die seine Anvertraute einst verkörperte, aufzuleben. Die dort, fernab ihres überschaubaren, geordneten Dorfes, das ihr (vielleicht ganz unbewusst) alles bedeutet hat, in der Anonymität der ihr fremdländischen Kleinstadtlandschaft in Vereinsamung abdriftet.

Erstaunlich schnell ist der Mann nicht nur ihre Anlaufstelle für leicht verfügbare Heilmittel und Medikamente. In seiner Beschützerrolle wird er zu dem Umschlagplatz gelebter Traurigkeit. Anlaufstelle angekratzter Gefühle. Eingebunden in komplizierte Familienverhältnisse und intimste Lebensgeschichten überträgt ihm die Leidende zu dieser Zeit die Rolle der Person, der sie alles anvertrauen kann. Alles. Ob all die Erzählungen und Geschichten (s)einem Selbstzweck dienten, wird sich nicht mehr beantworten lassen. Und er lässt es mit all den Konsequenzen zu.

Er erkennt nicht nur ihre Sucht und den damit verbundenen, immerwährenden Kampf dagegen oder die daraus resultierende Verzweiflung, sondern nimmt auch ihre Hoffnungslosigkeit und Leere wahr. Hört ihr zu. Wenn sie von ihrer körperlichen Entfremdung spricht, ihr verlorengegangenes Bündnis zweier einst vertrauter Menschen. Um es offen zu sagen, Marlene hatte kein Verlangen auf Beischlaf, viele Jahre lang. Ob es ein Liebesentzug oder eine Liebesverweigerung war, bleibt ungesagt. Er hinterfragt es auch nicht. Zum verlorenen Sorgerecht für ihren gemeinsamen Sohn, das mit der Trennung dem Vater zugesprochen wird, nagt auch der Verlust um die eigenen vier Wände an ihr.

Bei ihren nächtlichen Streifzügen gegen die Einsamkeit durch die Bars der Stadt, wo Gleichgesinnte einander suchen und finden, lernt sie Y.* kennen. Dass sein Vater zufällig ihr Vertrauter ist, stört sie ebenso wenig wie der Altersun-

*Name geändert

terschied. Der jüngere, liebenswerte Mann ist zu diesem Zeitpunkt bereits im Kerker aus Alkohol und Drogen gefangen. Während das Alter des jungen Mannes im Zusammensein keinen Einfluss hat, belastet sie die unstabile Psyche von Y. Er muss in psychiatrische Behandlung und gefährdet dadurch das kleine Glück. Trotzdem, oder gerade deshalb, fühlen sich beide einander verbunden. Eindrücke, die dem Vater nicht gefallen. Aber Marlene begeistert sich für den jungen Mann, der mit ihrem einnehmenden Wesen nur schwer umgehen kann. Zwei Menschen, die sich vor dem Ertrinken retten wollen, beide aber nicht schwimmen können, sind eine denkbar schlechte Konstellation, zumal ein erlösendes Ufer meilenweit entfernt scheint.

„Sie hat ihn dadurch gebrochen, dass sie ihm jegliche Hoffnung auf ein lebenswerteres Sein genommen und ihnen beiden den Spiegel der Aussichtslosigkeit vorgehalten hat."

Oft, spät in der Nacht, als sie irgendwo volltrunken aufgefunden und ins Krankenhaus gebracht wurde, stammelte sie die Rettungssanitäter an, „Ja rufen Sie halt den Y. an, der wird mich schon abholen". Beide so nah am Abgrund und doch im Höhenflug. Gegenseitige Abhängigkeit.

„Er ist ihr Blitzableiter gewesen, dem sie die scheinbare Sinnlosigkeit ihres eigenen Lebens implementiert hat." Gemeinsam am Rand eines Abgrundes zu stehen, macht die Angst vor dem freien Fall erträglicher. Es sind schmerzende Gedanken des Vaters. Ob diese vorurteilsvolle Wahrnehmung tatsächlich der Grund dafür war, dass sein Sohn für sich die Entscheidung getroffen hat aufzugeben, seinem Leben keinen Sinn zu schenken und er deshalb in die Anderswelt gegangen ist? Oder trifft den inneren Zirkel eine Mitschuld? Wer will das widerlegen, wenn Schmerz die Wahrnehmung und Unvoreingenommenheit trübt? Tief beerdigtes Leid und Unausgesprochenes über lange Zeit vergoren unter der Oberfläche wird wohl für immer verschwunden bleiben. Überforderung, wie auch immer geartet, sucht nach einem Ventil. Ein letzter, verzweifelter Aufschrei, eine letzte Bestrafung, ein letztes sich-bemerkbar-machen-Wollen. Ich bin doch da, wollt ihr mich nicht sehen?

Die Tragik droht Marlene zu zerbrechen. Sie ist nur noch ein Schatten ihrer selbst. Trotz allem bleibt das Vertrauensverhältnis zu diesem Mann weiter bestehen. Wieder einmal, wie so oft in ihrem Leben, wähnt sie sich allein und leidet unsäglich. Betrauert den Menschen, der sie besser als alle in ihrem Milieu und ihrer Familie verstehen konnte. Er hat sie angenommen, so wie sie war. Für ihn war es Marlene. Punkt. Ohne zu urteilen. Welche nicht vermutete Größe muss in diesem Mann gewohnt haben, der nicht richtete, sondern selbstlos liebte? Ich kenne wenige.

Der Verlust von Y. fordert einen hohen Preis. Der erste Dominostein war gefallen. Eine Kettenreaktion wurde in Gang gesetzt, die nicht mehr zu stoppen war. Probleme mit dem Wohnungsvermieter, exzessiver Alkoholkonsum, Medikamente. Es folgt ein Absturz, wie er tiefer kaum sein kann. Verlust der Wohnung. Verlust jeglichen Selbstwertes und, am schlimmsten, Verlust vom letzten Rest der eigenen Würde. Sie findet sich an dem Ort wieder, der all jenen das Anrecht für eine Unterkunft auf Zeit gewährt, die von der Gesellschaft an den äußersten Rand gedrängt werden. Nächstenliebe hin oder her.

Marlene zieht ins Obdachlosenheim, in die letzte Bleibe für Gestrandete. Zu Hause wurden Wohnungen vermietet, die Tochter wollte nicht dorthin. Zu groß die Furcht vor Kontrolle und Aufsicht der Eltern. Die Kühle der Mutter haftet an ihr, manifestiert sich zu einer lebenslangen Belastung. Sie gewinnt die Erkenntnis, dass keiner sich seine Eltern aussuchen kann. Oder doch? Gedankenspiele des ungewollten Kindes.

Aber der offensichtliche Absturz in die totale Ehrlosigkeit entpuppt sich zur Überraschung vieler als Chance, die Marlene spürt und die sie nicht ablehnen will. Nach sehr langer Zeit knüpft sie wieder soziale Kontakte. Mit Menschen, die den gleichen Irrweg gegangen sind, wie sie es getan hat. Menschen, die nach Hoffnungslosigkeit Mut zurückgefunden haben. Geregelte Lebensabläufe und Betreuung durch Sozialarbeiter tragen maßgeblich dazu bei. Abhanden gekommene Lebensfreude stellt sich langsam wieder ein.

Sie beginnt, alltägliche Aufgaben zu übernehmen in der Unterkunft, die ihr mehr als nur ein Dach über dem Kopf geworden ist. Lang vermisste Tugenden wie Reinlichkeit, von innen nach außen, werden Normalität. Und sie empfindet Freude dabei.

Zeitweilig sorgt sie sich um ihren Sohn. Sich zu sorgen bedeutet Empathie. Die Bedeutung

von Empathie: Die Fähigkeit und Bereitschaft, Empfindungen und Gedanken mit Persönlichkeitsmerkmalen einer anderen Person zu erkennen, zu verstehen und nachzuempfinden. Kurz, die Kunst des Einfühlungsvermögens.
Es ist das erste, sichtbare Zeichen ihrer Genesung. Gerüchte, ihr Sohn drohe abzugleiten, haben sie erreicht, haben sie aufgescheucht. Nicht wie die Mutter durch Alkohol und Tablettensucht. Nein, durch Menschenfänger und Gehirnverdreher. Unter dem Deckmantel fragwürdiger Träger von klerikalen Roben und deren obskuren Machenschaften wären junge, hübsche Männer reizvoll und erwünscht. Aus vermeintlichen Seelenheilern werden Menschenfänger, die Schwächen und Haltlosigkeit für ihre Fleischeslust zu nutzen versuchen. Manipulationen machen die ausgesuchten Protagonisten wankelmütig. Findet sich ein Beweis für ihre Beobachtung? Oder darf man der Gerüchteküche (keinen) Glauben schenken? Wie auch immer, es sind die Sorgen einer erwachenden Mutter.

Sie fühlt sich wohl, dort, an diesem Ort, aufgehoben, vielleicht verstanden, auch wenn viele es nicht nachvollziehen können. Aber allzu lange darf keiner bleiben, zwei Jahre, dann muss sie gehen. Es ist der vorgesehene Zeitraum für eine Eingliederung in die Gesellschaft. Es soll bewusst kein Zuhause werden.

Herr X. hilft wo er kann, selbst bei der Suche, gemeinsam mit dem Sozialamt, nach einer geeigneten Wohnung. Und er wird fündig. Am nördlichen Eingang zur kleinen Stadt, die ihr im Laufe der Jahre so vertraut geworden ist. Sie zieht um, in die kleine Wohnung, die ihr letztes Zuhause werden soll. Das neue Mobiliar finanziert ihr der Vater. Beim Umzug ist auch der Exmann verlässlich zur Stelle und zeigt sich behilflich. Marlene lebt sich ein, hält ihr kleines Reich mit einem Mal auffallend sauber, fast schon steril. Aber glücklich, so scheint es, ist sie nicht. Die täglichen Kontakte zu ihren lieb gewonnenen Freunden fehlen ihr sehr. Sie fühlt sich wieder, wie so oft, entwurzelt.

Von nun an wird der fünfte Tag der Woche ritualisiert. Ob auf Nachdruck oder aus freien Stücken, wer kann das schon sagen? Ihr Alkoholkonsum wird an jedem Freitag auf ein Minimum herabgesetzt. Beruhigungspharmaka werden erhöht. Der einzige Tisch in der kleinen

Wohnung wird liebevoll eingedeckt, ihre Kochkunst zelebriert. Frisch eingebettet, geduscht und herausgeputzt. Der Freitagabend-Mann, wie sie Herrn X. nennt, hat sich angekündigt. Die Bettwäsche ausgetauscht. Marlene mag eigentlich nur weiße Laken, der Freitagabend-Mann will es bunter. Sie macht, was er verlangt. Dem väterlichen Freund soll es an nichts fehlen. Er soll die Dankbarkeit für all die Gefälligkeiten vergolten bekommen. Ob freiwillig, mit Bestimmtheit oder auch durch verordnete, nachgiebig machende Substanzen wird keiner mehr erfahren. Wurde die Zwangslage zum eigenen, unkeuschen Vorteil genutzt?

Wie verhält sich Mensch im Zustand der absoluten Macht, wenn er ausnahmslos alles ohne Kontrolle von außen mit einem Menschen machen kann? Selbstkontrolle ist eine Hydra, die gezügelt werden will. Die Geschichte hat uns beklemmende Beispiele dafür gezeigt, was passieren kann, im Einzelnen oder im grölenden Kollektiv einer aufgeheizten Volksgemeinschaft, wenn man sie gewähren lässt.

In Gedanken an Marlenes letzte Stunden erinnert sich Herr X. an eine Erzählung über einen Abend, der schon etwas länger zurücklag.

Einen Abend, den sie zu Hause bei den Eltern verbringen wollte. Aber die Mutter habe sie wieder einmal „kühl und emotionslos" empfangen, der Vater „teilnahmslos, wie so oft", erzählt sie ihm später. Bestürzt und traurig sei sie nach kurzer Zeit gegangen.

Ob sie wohl zu viel Beruhigungsmittel genommen, keinen Sinn mehr gesehen hat, sie seinem Sohn folgen wollte? Ja, das sind seine ersten Gedanken, die ihm durch den Kopf gehen, als er hört, was passiert ist. Und begreift, dass Marlene nicht mehr lebt. Als sich seine Gedankennebel lichten, wird ihm klar, dass es anders gewesen sein muss. Er seinem Gefühl vertrauen konnte, dass sie das Leben trotz allem gemocht hatte. Jetzt, wo sie all die Schwierigkeiten hinter sich gelassen hat. Jetzt, wo sie schon fast die Antwort gefunden hatte für ein normales Leben. Er versteht schlagartig, dass die verhängnisvolle Begegnung mit ihrem vermeintlichen Mörder just an dem Ort stattgefunden hat, der ihr nicht nur zwei Jahre lang ein Zuhause war, sondern sie schlussendlich wieder auf den richtigen Weg geführt hat. Wie viel Ironie kann dem Schicksal innewohnen?

Von der Finsternis zurück. Licht.
Wärmendes Leuchten. Kraft.
Genommen, das Wertvollste. Leben.
Durch fremde Hand. Macht.

Ersehnte Nachricht

Der Herbst zeigt sein buntes Kleid. Gelb- und Rottöne verändern das Immergrün der Wälder unserer Berglandschaft. Das letzte Drittel im Jahr ist angebrochen. Eigentlich eine schöne Zeit. Von der Aufbruchskraft des Frühlings und der Sommerhochzeit, vom vermeintlich ewigen Dasein, ist wenig geblieben. Es sieht so aus, als trüge die Landschaft einen farbenprächtigen Haarreif für eine Wagner-Oper. Nach Verdi im Lenz und der Leichtigkeit von Mozart im Sommer nun die satten Farben des Herbsttages in Moll.

Ich blicke hinaus in die Landschaft nach meinem täglichen Mittagsschlaf und traue mich nicht, die Wiederholungstaste meines Telefons zu drücken. Würde ich nicht 10 bis 15 Minuten schlafen nach dem Mittagessen, ich würde vermutlich den Tag nicht überstehen. Es hilft mir, die gespielte Stärke der vergangenen Monate glaubhaft hoch zu halten. Nur mein dünnhäutiges Verhalten im Umgang mit der Oberflächlichkeit einiger Mitmenschen ist deutlicher geworden. Meine Nächte dauern meist nicht länger als bis vier, halb fünf Uhr am Morgen. Mein Schlaf ist weder kraftspendend noch vergeht die immerwährende Dauermüdigkeit in Kopf und Körper.

Wie hypnotisiert blicke ich auf das Display meines zweiten Gehirns und weiß, was jetzt kommen wird. Ich kenne die Antwort auf meine Frage. Vier Anrufe in Abwesenheit. Immer der gleiche Teilnehmer. Ich habe lange warten müssen auf diesen Anruf. Habe mir ausgemalt, wie es sein wird, sein kann. Habe mir dabei vorgestellt, dass es nur der Abschluss einer Tragödie sein kann, gedacht, dass alles gesagt, alles gefühlt, alles ertragen worden wäre. Und jetzt, als ich die Nummer sehe, den Absender lese, pocht mir das Herz. Es pocht mir bis zum Halse. Alles was war, bricht in Bruchteilen von Sekunden wieder auf. All das Dumpfe, Undurchdringliche an Herz und Seele ist augenblicklich wieder da. Mit einem Schlag befiehlt es mir, Trauer in meinen Körper kriechen zu lassen, nötigt mich, das zurückgewonnene Lächeln, das bisschen

Licht im Inneren zu verleugnen. Das Verdrängen der vergangenen zehn Monate war nichts anderes als überlebenswichtiger Selbstschutz. Das dünne Eis, das sich auf dem Schmutzwasser dieser Geschichte gebildet hatte, hält die schwere Last der Schrecklichkeit nicht aus und bricht. Bricht in sich zusammen und offenbart all den Gestank, den Dreck, die Schmerzen und das Weggeschobene zum zweiten Mal an die Oberfläche.

Der Bestatter war ruhig und sachlich. Keine unnötigen Gesten, kein Pathos.

„Wir bekommen Marlene, ich habe vor kurzem Nachricht darüber erhalten. Ich kann sie abholen, wenn ihr es wünscht."

Erleichterung in seiner Stimme. Ich habe nichts gesagt, nur zugehört, habe ihn sprechen lassen. Ich wusste es, als ich zurückgerufen hatte. Auch wenn er geschwiegen hätte, es wäre alles gesagt, was gesagt werden sollte. Wir bekommen meine Zwillingsschwester, wir bekommen die Mutter, die Tochter, die Frau. Wir können ihr den allerletzten Dienst erweisen. Wir können ihr einen würdevollen Heimgang bereiten. Meine Trauer, die Trauer dieses

Dezemberabends, war mit einem Male wieder da. Als hätte man einen Stromschalter, der all das Verdrängte in die Gehirnwindungen, in Herz und Seele leitet, eingeschaltet. Alles muss von vorne durchlebt werden, alles beginnt von Neuem. Ich fürchte mich vor dem Kommenden.

„Vater wird am Montag operiert. Es wäre töricht, den Termin zu verschieben. Lass uns darüber nachdenken, wann und wie wir Abschied nehmen. Der 8. November, es ist ein Freitag, sollte passen. Was denkst du, lässt sich das machen?"

Kurzes Nachdenken, das durch die Stille am anderen Ende der Leitung unterstrichen wurde.

„Ich spreche mit der Pathologie, ja das sollte gehen."

„Und ich spreche mit meinen Eltern und meinem Schwager. Ich rufe dich nachher zurück. Ach, und bevor ich es vergesse. Wir müssen eine Kleinigkeit ändern an der Traueranzeige. Wir danken am Schluss, in der letzten Zeile, dem Sozialsprengel und im Besonderen ihrer persönlichen Betreuerin. Sie wurde Marlene zur Freundin und Vertrauten. Wir sind ihr zu Dank verpflichtet."

Erinnerungen von Ruth, Marlenes Sozialbetreuerin, oder wie sie ihre Freundin wurde

Was spürt die wahrscheinlich einzige Vertraute der vergangenen Jahre nebst der Familie bei dem Gedanken an das Gewesene, Unwiederbringliche? Wie denkt sie heute von Marlene, mit der sie viel Zeit verbringen durfte? Was mag in ihr vorgehen, wenn schmutzige Wäsche durch Gasthaustheken-Halbwissen zum nicht bestätigten Mordfall gewaschen wird? Von Menschen, die weder meine Schwester noch unsere Familie oder die Lebensgeschichte aller kennen, sich aber berufen fühlen, zu richten?

Ruth ist selbst Alkoholikerin. Trocken. Sie kennt sämtliche Schattierungen der Sucht. Meist sind sie unscharf und grau, bis hin zum tiefsten Schwarz. Nicht bunt oder pastellfarben, wie im besten Fall die Farbe eines Lebens sein könnte.

Beide Frauen sprechen dieselbe Sprache. Ruth versteht ohne ein einziges, gesprochenes Wort. Heute grenzt sie sich ab, ist bekennender Gesundheitsapostel mit einem eigenen Blog im Internet. Buchautorin. Eine geläuterte Frau, die ihre neu gewonnenen Standpunkte vehement vertritt und kein Blatt vor den Mund nimmt. Ohne Filter.

Mit Wehmut denkt sie an die Zeit, in der sie Marlene zur Seite stehen und sie begleiten durfte. Lebhaft, als wäre es gestern gewesen, spricht sie über ihre Stunden als Sozialbetreuerin im Hauspflegedienst, in dessen Verlauf sie auch Marlene kennenlernen durfte. Die Hintergründe des Schicksals der zukunftsgläubigen und doch so tief gefallenen Frau haben ihr persönliches Interesse an dem Menschen Marlene geweckt. Im dreiwöchigen Arbeitsaustausch mit einer Arbeitskollegin teilt sie sich die Begleitung und den Beistand. Auch als Marlene umzieht, bleibt sie ihre Betreuerin. Mit Argwohn und einer Portion Skepsis schaut sie auf Kommendes. Durch die eigene, tragische Lebensgeschichte sensibel gemacht, schöpft Marlene Hoffnung für ihre persönliche, schmerzende Realität.

„Ich habe ihr ein Video von mir von meiner Homepage auf meinem Smartphone gezeigt."

Es ist möglich, dem Treibsand, der nur eine Richtung kennt, der Alle und Alles unter sich begräbt in seinem Sog, zu entkommen. Es bedarf einer ausgestreckten Hand. Kraft und Willen. Zu spät ist nie.

„Marlene hat geweint, nachdem sie sich die bewegten Bilder angesehen hatte, innegehalten und dann zu mir gesagt, das will ich auch schaffen."

Ab diesem Moment giert sie den Besuchen ihrer Betreuerin entgegen, spricht offen über ihr Leben, die Sucht, die vielen Therapieabbrüche.

„Ich weiß nicht, was sie ihrem Umfeld erzählt hat, mir hat sie sehr viel anvertraut." Ruth spürt die tiefe Verweigerung und den Unmut, wenn Worte wie Therapiestätte, Krankenhaus oder Medikamente gefallen sind. „Das war für sie angstbehaftet." Umso dankbarer nimmt sie die angebotene Hilfe und Unterstützung im häuslichen Bereich an, die ihr, sofern erforderlich, helfend die Hände reichen und dadurch ihre Selbstständigkeit begünstigen und die Privatsphäre wahren.

Im Verlauf der vielen, intensiven Gespräche erwähnt Marlene ihre kleine Freude am Malen, die sie während ihrer krankheitsbedingten Behandlungsphasen als wohltuend empfunden hat. Für die gelernte Bildhauerin Ruth ist dies ein Hinweis, den sie zu lesen weiß. „Ich war selbst im Entzug und weiß, was Ergotherapie bewirken kann."

Daher bietet sie Marlene ihre persönlichen Malfarben und Leinwände an, die noch bei ihr zu Hause aufbewahrt werden, um malen zu können. Eine verhängnisvolle Entscheidung in einer öffentlichen Struktur, die ihren Mitarbeitern jeglichen privaten Kontakt zu den zu Betreuenden untersagt, auch in deren Freizeit. Aber Ruth will sie nicht allein lassen, hört Marlenes wortlosen Hilfeschrei. Sie versteht, dass kreative Beschäftigung Marlene guttut, ihr hilft. Als diese nicht locker lässt und ihr partout etwas zurückgeben möchte, willigt sie in die Bitte, ein wenig im Haushalt mitzuhelfen, ein. Währenddessen schöpft sogar Marlenes Sohn ein klein wenig Hoffnung, dass die Mama mit Ruths Hilfe noch zu befreien ist.

„Ich hab mich mit Max getroffen, ihm gesagt, dass ich seine Hilfe brauche, um die Mama da rauszuholen. Allein schaff ich es nicht."

Wenn das Herz voll ist, dann geht der Mund über. Die neu gewonnene Freude währt nicht lange. Ein gefühlsbetont gemaltes Bild, gedacht als Präsent für ihre Sozialassistentin, bringt Wände zum Einstürzen. Marlene überreicht ihr Werk im Büro des Sozialamtes in der Hoffnung, sich Lob und Anerkennung im Gegenzug abholen zu können. Vereinbartes Stillschweigen mit Ruth über private Treffen beider Frauen wurde im Hochgefühl des Augenblickes bereitwillig und ohne nachgedacht zu haben auf dem Altar des Freudenrausches ausgebreitet.

Ruth wird zu ihrer Vorgesetzten zitiert und mit Nachdruck zur Rede gestellt. Eindringlich erläutert sie ihre Sicht der Dinge, versucht, ihren Standpunkt zu untermauern. Es ist gut für Marlene.

„Ich will helfen und mich nicht mit irgendwelchen Bestimmungen herumschlagen müssen. Wenn der Mensch, der mich braucht, nicht mehr im Mittelpunkt meiner Arbeit steht, wenn Gebote mehr Gewicht haben als die Nöte meiner mir anvertrauten Patienten, dann bin ich hier falsch."

Ruth wird von der Leidenden abgezogen, der Fall „Marlene" wird ihr entzogen. Von einem auf den anderen Augenblick verliert Marlene nicht nur ihre Pflegerin und Bezugsperson, sondern auch ihre inzwischen beste und innigste Freundin. Sie hatte mit deren Hilfe das berühmte Licht am Ende des Tunnels gesehen und sie hätten gemeinsam aus dem Jammertal gefunden, davon ist Ruth heute überzeugt. Marlene war zu diesem Zeitpunkt auf einem sehr guten Weg, auf dem besten der vergangenen Jahre. Genau deshalb missachtet Ruth die Verbote seitens ihres Arbeitgebers.

„Heimlich, bei Nacht und Nebel, bin ich zu ihr gefahren, weil sie am Boden zerstört war und nur noch geweint hat. Ich wollte dieser Frau wirklich helfen. Wegschauen wollte ich nicht."

Ein Akt von Zivilcourage, der so manchem Entscheidungsträger abgeht. Die Welt wird im Kleinen besser gemacht, nicht durch Furcht, nicht durch Egoismus und nicht durch „Ich-Tun". Es ist einfach, sich hinter Bestimmungen zu verschanzen und zeugt von egoistischer Rückgratlosigkeit. Opportunismus (allzu bereitwillige Anpassung an die jeweilige Lage aus Nützlichkeitserwägungen) ist zum Liebling der Massen geworden.

Ein letzter gemeinsamer Ausflug an einem Sonntag führt die beiden Frauen hinauf zum

See. In einem Seitental, nicht allzu fern von Marlenes und Ruths Wohnungen. Auf 1.857 Metern Meereshöhe, eingebettet zwischen mächtigen Dreitausender-Bergformationen, wurde im Geburtsjahr von Marlene ein mächtiger Staudamm mit großen Anstrengungen nach vier Jahren Bauzeit fertig gestellt, um den aufkommenden Hunger nach Energie zu stillen. Ein Stausee und dessen abgeschiedene, hochalpine Landschaft waren Marlenes Lieblingsorte. Dort hatte ihr Mann in den vergangenen Jahrzehnten für die Betreibergesellschaft gearbeitet. Dorthin möchte Marlene zurück. Fast vergessene, glückliche Stunden konservieren. Stunden, die sie federleicht gemeinsam verbracht hatten. Marlene mit ihrem Mann und ihrem Sohn. Als Familie.

„Marlene, so glaube ich, war noch immer in ihn verliebt, wahrscheinlich hat sie auch nie aufgehört damit. Und in stillen Stunden bohrte die Sehnsucht, diesen Mann wiederzubekommen. Schopenhauer soll schon gesagt haben, dass erst der Verlust den wahren Wert erkennt."

Sie hatte diese Tür vor Jahren zugunsten ihrer Leibeigenschaft von Medikamenten und Alkohol zugestoßen. Und doch war sie aufgeregt wie ein Teenager vor dem ersten Treffen. Ihre Aufregung und Hoffnungen wurden mit ihren „Happy Pills" gezügelt. Dosiert, na ja, wie ihr gerade der Sinn danach stand. Viel hilft ja bekanntlich viel. Oder nicht? Ihr Depot an Glücksbringern war gut gefüllt. Die Wirkung der Seelentröster mit zerstörenden Auswirkungen auf Körper und Psyche lässt nicht lange auf sich warten.

Nur mit großen Anstrengungen erreichen die Frauen den See und eine nahe gelegene Alm. „Dort ist sie mir von der Bank gefallen." Dessen ungeachtet verbringen sie gemeinsam einen schönen Tag, den Marlene wie ein Kleinod in den wenigen, lohnenden Erinnerungen ihrer persönlichen Wertesammlung aufbewahrte.

Nach dem Hoch des Augenblickes lässt sie Frust und Verbitterung ihren Alltag bestimmen. Das unfreiwillige Alleinsein stumpft Marlene ab. Sie ist eine leere Hülle, nur noch ein Schatten ihrer selbst. „Mann" kann manches mit ihr machen. Es ist der Preis, den sie bezahlt, um der Einsamkeit zu entkommen. Ruth hadert und lebt im Zwiespalt. Alles rebelliert in ihr. „Wer seid ihr, dass ihr über eine Frau bestimmen könnt, über ihren Körper, über ihr Ich ... Was bildet ihr euch ein, seid ihr der Allvater, dass ihr die Schwächsten knechtet und unterwerft?" Und doch muss sie bedachtsam bleiben. „Ich brauche meine Arbeit – und die sitzen halt am längeren Hebel ... Einzugreifen wäre ein Kündigungsgrund gewesen." Marlene wurde zum Kollateralschaden eines löchrigen Systems erklärt.

„Und dann erinnere ich mich noch an die vielen Nachrichten auf ihrem Mobiltelefon, die Marlene mir gezeigt hatte, die Herr X. und sie ausgetauscht haben. Sie sprachen eine eindeutige Sprache. Ich möchte diese Texte, die Bilder in meinem Kopf entstehen lassen, nicht mehr haben. Ich möchte, dass sie verschwinden und weg bleiben, besonders in der Nacht und in meinen Träumen. Sie hat mir alle seine Nachrichten gezeigt, ich hab sie gelesen. Marlenes Erzählungen stimmten, sie waren keine Hirngespinste, es war die Wahrheit."

Der Vaterkomplex fordert Opfer. Für ein paar Stunden, für eine Nacht ist sie für ihn die Frau, die er gerne in ihr sehen will.

Da sind noch manch unschöne Details, worüber Ruth genau Bescheid weiß. Wie das Telefonat in Marlenes letztem Sommer, als sie ihr besorgt die Befürchtung anvertraut, in freudiger Erwartung zu sein. Obgleich das Ergebnis die erhoffte Entwarnung liefert und etwaige Verdachtssymptome dem geschundenen Zustand des Körpers zuzuschreiben sind, bleibt ein mehr als fader Beigeschmack in Anbetracht des vermeintlichen Kindsvaters.

„Ja, so war das mit der Marlene. Sie war ein prägender Mensch und eine gute Seele. Ja, das war sie wirklich."

Starr der Blick ins Nichts. Gedanken auf Wanderschaft. Nach einer längeren Pause, Rückblicke ordnend und Grübeleien beendet, spricht sie über den Tag danach. Jener Tag, an dem Marlene getötet und mit roher Gewalt aus dem Leben gerissen wurde. Und sie spricht über ihre Vorgesetzte, die sie zu sich ins Büro gebeten hatte an diesem Freitagmittag.

„Ich möchte, dass du es von mir erfährst …" und sie berichtet ihr alles, was es zu diesem Zeitpunkt zu berichten gibt. Ruth schaut ungläubig, mit strafenden Augen, die Verachtung widerspiegeln, ins Leere, dreht sich wortlos um und geht. Sie verlässt Raum und Haus, ringt nach Luft.

„Ich wäre fast erstickt in der Selbstgefälligkeit dieses Systems. Tränen, ja, Tränen haben meine Augen gefüllt, nicht aus Trauer, nein, aus Zorn und Verdrossenheit. Die Tränen des Herzwehes um den Menschen, die kamen später, als ich allein gewesen bin. In mir ist eine unglaubliche Wut aufgestiegen ... Das nehme ich meiner Höherstehenden immer noch übel, obwohl ich sie als Menschen schätze. Sozialdienst: Trennen wir das Wort in der Mitte, dann haben wir sozial (hilfsbereit, gütig, wohltätig) und Dienst. Mehr muss dazu nicht gesagt werden.

Ich stelle mir oft die quälende Frage, wäre Marlenes Weg änderbar gewesen? Hätte mehr getan werden müssen? Hätte ich mehr tun können? Oder andere, in ihrem näheren Umfeld? Wie viel Verantwortung für das eigene Leben muss dem Kranken überlassen bleiben? Hätten Politik und Gemeinschaft nicht die Pflicht, darüber nachzudenken, was besser gemacht werden kann? Es sind Fragen, die mich noch lange treiben werden. Genauso wie die Erinnerungen an eine Frau, die, ohne es zu wissen, mich zu einem besseren Menschen gemacht hat."

Konservierte Erinnerungen, mit der Kraft des Unausweichlichen.

295 Tage

295 Tage sind der exakte Zeitraum von der Tötung bis zum Zeitpunkt der Nachricht, dass wir Marlene beerdigen dürfen. Wir haben die Tage gezählt, jeden einzelnen, um Abschied nehmen zu dürfen. Nüchtern und sachlich wurde es mitgeteilt. Kein Bedauern oder gar Mitleid für die Nahestehenden. Kein verschenkter Gedanke über deren Furcht und deren Ängste. Wir haben bis zu diesem Punkt unsere Leben dieser Nachricht untergeordnet. Wir hatten Bedenken, wenn wir ein paar Tage weggefahren sind. Waren immer und zu jeder Zeit erreichbar. Hatten Angst, eine Woche Urlaub zu buchen. Sind zusammengezuckt bei jeder unbekannten Nummer am Telefondisplay. Es könnte ja ... und vielleicht ...?

Der Täter hat uns nicht nur den Menschen, nein, er hat uns in Teilen auch unsere Freiheit und Lebensqualität genommen. Wie ein räudiger Dieb hat er uns um unsere Lebenszeit gebracht. Du wirst, bist, unfrei. Wer also ist Gefangener, wurde eingesperrt? Niemand bereitet dich auf eine Situation wie die unsere vor. Niemand kann dir sagen, wie so eine Geschichte weitergeht oder wie sie endet. Niemand soll aushalten, was wir haben aushalten müssen. Ich wünsche niemandem, immer zu funktionieren wie ein gut geöltes Uhrwerk. Wenn dir die Kraft schwindet, du weitermachen musst, da, wo es manchmal kein Weiter gibt. Wenn liegen bleiben, nicht aufstehen vor Erschöpfung und Müdigkeit das ist, was du möchtest. Still zu bleiben, wenn du eigentlich aufschreien willst.

Nach 314 Tagen werden wir in unsere Kirche gehen, der Chor wird singen. Über die Lautsprechanlage werden ein oder zwei Lieder von Peter Maffay gespielt werden. „Lieber Gott, wenn es dich gibt ..." – „Über sieben Brücken musst du gehn ..." Ich werde meine Trauerrede, die ich einige Tage nach dem Tod meiner Schwester geschrieben habe, lesen. Ja, so wird es wohl ablaufen.

Der Tag vor dem Abschied-nehmen-Müssen

Das alte Bergkirchlein aus dem fünfzehnten Jahrhundert füllt sich langsam mit Menschen. Es ist der Tag vor der Beerdigung, nachmittags fast halb fünf. Räuspern und unterdrücktes Husten hallen belegt durch die kalten Mauerbögen und werden von Steinquadern zurückgeworfen, bis der Schall von irgendeinem wärmenden Mantel verschluckt wird. Beileidsbekundungen der Eintretenden. Umarmungen der Wortlosen. Augenpaare suchen einen Sitzplatz in einer der abgewetzten, harten Holzbänke.

Die kleine Kirche, dem heiligen St. Moritz geweiht, war schon der Ort, an dem meine Schwester geheiratet hatte. Sie war damals gerade 25 Jahre jung gewesen, so erinnere ich mich, während die Vorbeterin eintritt, gerüstet mit der wichtigsten Waffe, die die Christenheit für ihre armen Seelen aufzubieten hat: die heilige Bibel. Ein Rosenkranz, oder auch Paternosterschnur, aus 59 Perlen und einem Kreuz (Zähl-oder Gebetskette) schmückt ihr Handgelenk. Der Kreis hat sich geschlossen.

Leben, ein klein wenig Glück im besten Falle, Abschied und Trauer. Ein paar Atemzüge in der Zeit. Mehr war es nicht. Wir sitzen da, Kälte schleicht sich in der unbeheizten Kirche in die Leiber der Lobpreisenden.

Meist werden diese Betstunden einen Tag vor einer Beerdigung von Menschen genutzt, die keine Zeit haben werden, am darauffolgenden Tag bei der Beisetzung anwesend zu sein, gebrechlich oder alt sind, oder aber es sind bewundernswerte Kirchgangssüchtige, die keine Messe auslassen können, getrieben vom unstillbaren Trieb, dem Heiland in seinem Hause nahe zu sein. Es ist einen Versuch wert, unseren aller Einheitsgott, der nur im Namen in den verschiedensten Religionen unserer gemeinsamen Welt anders gerufen und ihm unterschiedlich gehuldigt wird, milde zu stimmen für Kommendes. Die Litanei für die Verstorbene wird monoton und wie ein Mantra vorgetragen. Die Trauernden im vollen Kirchlein murmeln es nach. Dabei entstehen dumpfe Vibrationen, eine gleichbleibende, besondere Tonfrequenz, die sich bis in einen tranceähnlichen Dämmerzustand der Huldigenden steigern lässt.

Meine Gedanken gehen zurück, ich denke an eine Begebenheit vor ein paar Wochen, als mir die engste Jugendfreundin von Marlene von ihren gemeinsamen Jahren erzählte. Gesagtes machte mich nachdenklich. Wieder ein Puzzleteil mehr, um meine Schwester und ihr Leben ansatzweise zu verstehen.

Erinnerungen von Helga, Marlenes langjähriger Freundin

Die Freundschaft der beiden jahrgangsgleichen Mädchen mit dem immer gleichen Blick, wenn sie sich treffen, um zu gackern, auf den von stolzen Burgmauern und Türmen des Mittelalters und von Felswänden im Westen des Dorfes gesäumten Ort blickend, inmitten des Grüns der Wälder und Felder und der unbezwingbaren, immer dagewesenen und immer daseinwerdenden Gipfel der Berge, findet ihre Anfänge schon während der Schulzeit am Ende der sechziger und dem frühen Beginn der siebziger Jahre des vorigen Jahrhunderts.

Sie sind Nachbarskinder, verbringen gemeinsame Jahre in vermeintlich argloser Unbeschwertheit. Die erzieherische Strenge, die im angrenzenden Elternhaus herrscht, vorwiegend von der Mutter, hat Marlene nicht vergessen. Schließlich war sie der Grund, warum sich die Freundinnen in ihrem Zuhause nur dann besuchen konnten, wenn Marlene alleine war. Eine Situation, mit der jedoch beide gut umzugehen wussten. In der Entwicklung jungen Reifens werden derartige Probleme als nichtig und klein empfunden. Das Gefühl der ehrlichen Zusammengehörigkeit ermöglichte den beiden eine viele Jahre andauernde, von Wohlbehagen geprägte Freundschaft.

Die Verbindung hält, bis sich irgendwann ein Mann zwischen beide drängt. Helga ist 17, Hanspeter, der spätere Ehemann von Marlene, ein Jahr älter, womit eine erste Dissonanz zwischen den Freundinnen entsteht.

„Ich glaube, wir beide waren ein richtig nettes Paar. Mein Wunsch nach einer eigenen Familie, einem Mann, der mich liebt und gemeinsamen Kindern, arbeitete sehr früh in mir. Gepaart mit der Hoffnung auf ein harmoniegeprägtes Umfeld, das mir in der eigenen Kindheit verwehrt geblieben ist. Wir waren zeitweise sogar verlobt, aber er war ein Anderer nach seinem Militärdienst. Er wollte frei sein, sich ausprobieren. Und trotz allem kam er nach Monaten wieder, wollte da anknüpfen, wo er irgendwann aufgehört hatte. Mein verletzter Stolz und der Schmerz des Verlassenwerdens und die Angst, es könnte sich wiederholen, ließen nur eine Antwort zu. Nein, ich möchte das nicht mehr. Indirekt habe ich für Marlene, die die Gunst der Stunde witterte und dann auch zu nutzen wusste, das Feld geräumt."

Dass der ehemalige Partner und die Freundin aus Kindertagen bereits in einer Beziehung stehen, erfährt sie erst einige Zeit später.

„Es war nach meiner Rückkehr von einer Saisonarbeit, ein paar Täler weiter weg. Von da an trieb Marlenes Eifersucht einen Keil zwischen unsere so innige Freundschaft. Unbegründet. Ich hielt mich zurück, ging beiden aus dem Weg. Jahre später habe ich Marlene an einem Sommerabend zufällig getroffen. Ohne Vorwarnung, ganz plötzlich aus dem Nichts, hat sie mir gesagt, wenn ich ihn zurück haben wollte, ja dann, dann würde ich sie richtig kennenlernen. Eine offene Drohung. Sie hatte es nie überwunden, dass wir denselben Mann liebten. Und sie hat es nie richtig verarbeitet. Ob da später noch andere Frauen eine Rolle gespielt haben, kann ich nicht sagen, die Verunsicherung von Marlene, ihre Eifersucht und die daraus resultierende Angst, ihn zu verlieren, waren mehr als spürbar."

Jahre der Entfremdung vergehen, in denen beide einander kaum sehen. Helga lernt ihren künftigen Mann kennen und lieben, wird schwanger. Als ihr (erster) Sohn geboren wird, besuchen Marlene und Hanspeter sie im Krankenhaus. Die Rivalität scheint der Vergangenheit anzugehören, da von Helga keine Gefahr mehr auszugehen scheint. Marlene sieht sich am Ziel.

Helga grübelt. „Sie haben sich einige Male getrennt und wieder zusammengerauft. Irgendwann haben sie dann beschlossen, entweder wir gehen jetzt getrennte Wege oder wir heiraten."

Warum?

„Ich glaube, Marlene hat für sich gedacht, jetzt hab ich ihn, er gehört mir. Marlene bekam, was sie wollte, aber wirklich glücklich schien sie mir nie."

Auch der Wunsch nach einem gemeinsamen Kind und die Freude, als dieser sich endlich erfüllte, wiegen bei Hanspeter stärker als bei ihr, davon ist Helga überzeugt.

Wieder folgen Jahre, in denen beide einander aus den Augen verlieren. Sie ahnt nicht, wie schlecht es um die Ehe der Freundin steht. Dass diese ihr Zuhause, den Mann, den Sohn und ihre Familie verlassen hat. Verlassen hat müssen. Noch weniger weiß sie um das Drama, das sich in Marlenes neuem Umfeld anbahnt.

Aber die erste Begegnung nach all den Jahren, die hat sich in Helgas Gedächtnis eingebrannt. „Mich hat fast der Schlag getroffen."
Die Freundin von einst trägt verschlissene Kleidung, die Haut ausgetrocknet und welk. Der Verdacht, dass Alkohol, Medikamente, vielleicht auch Männer ihren selbstzerstörerischen Alltag bestimmen, liegt nahe.

„Mein Herz hat geblutet bei den Erinnerungen an unsere guten Tage. Sie hat nur gesagt, und wie ernst sie es meinte, vermag ich heute nicht zu beurteilen: ‚Hätte ich dir den Hanspeter nur überlassen …'"

Waren es nur dahergesagte Worte oder hätte sie ihrem Mann ein anderes, besseres Leben gewünscht? Gedanken mit Wehmut.

Ihre erste Eingebung, die sie wie ein Blitzstrahl trifft, als sie die Nachricht im Radio hört vom gewaltsamen Ableben einer Frau, nur ein paar Dörfer weiter. Lieber Gott, „hoffentlich ist das nicht die Marlene … Lass es nicht die Marlene sein, bitte nicht."

Die Schwere und Traurigkeit sind spürbar, als Helga all das erzählt. „Ich konnte nicht Abschied nehmen, es ist kein gutes Gefühl. Ich hoffe, Marlene findet ihren Frieden und ich hoffe, ich komme auch zur Ruhe und kann meinen persönlichen Frieden finden. Sie soll ruhen im Licht."

Das Rosenkranz-Gebet ist verklungen, die Heiligen in der Anderswelt angerufen. Die frierenden Menschen verlassen das Kirchlein, huschen kopfgesenkt in die frühe Dunkelheit des Novemberabends. In zwei Stunden, um halb acht am Abend wird sich die fast gleiche Zeremonie in der Totenkapelle am Friedhof in der Hauptkirche des Ortes, wo dann morgen am Nachmittag der Endgültigkeit genüge getan wird, wiederholt. Dieses Mal etwas der Zeit angepasst, mit Musik aus der Konserve und Texte zum Leben und zum Nachdenken. Mittig in der kleinen Kapelle steht der helle Sarg. Blumenkränze, Gestecke und Kerzen auf hohen, goldfarbenen Ständern schmücken den kühlen Raum. Der Sarg ist von immergrünen Pflanzen in Bottichen rechts und links wie von einer salutierenden Ehrengarde eingefasst. Ein Gesteck aus weißen Rosen mit aufgebrachten Lettern auf zwei Banderolen, schön drapiert, fällt vornehm wie eine Perlenkette über einen schmalen Hals am Fußende des Sarges. „Im Herzen unvergessen, dein Maximilian".

Der vorletzte Weg

Der Regen peitscht den Novembernebel. Es ist Freitagmorgen. Und es ist kalt, bitterkalt. Noch ein paar Stunden bis zur Trauerfeier in der großen Kirche. Angst schleicht in mich. Angst vor Kommendem. Angst, dass irgendwelche Journalisten hinter Ecken und Büschen lauern, um zu fotografieren. Angst, dass wieder undurchsichtig geschrieben werden wird. Ankündigungen, dass Marlene heute ihre letzte Ruhe finden soll, waren allerorts zu lesen.

Ich muss meine Eltern abholen. Später. Vater wurde heute am frühen Morgen von meinem zweiten Sohn in der Reha abgeholt. Er musste sich zum dritten Mal in recht kurzer Zeit an den Hüften operieren lassen. Mutter schlurft gebückt, wie ich sie kenne, unruhig durch die Küche wie eine Gefangene, die Hofgang bekommen hat. Den Kopf gesenkt, hin und her. Her und hin. Was mag in einer Mutter vorgehen, wenn die einzige Tochter stirbt? Unabhängig davon, wie das Verhältnis gewesen sein mag. Mutter bleibt Mutter. Sie wird zurückdenken an den Tag der Geburt, an den Sonntag. Daran, wie sie uns geboren hat, wie sie die Hebamme anschaute, als wäre sie ein Wesen von einem anderen Stern, als sie ihr sagte, dass nach mir noch ein zweites Kind kommen würde. Sie wird daran denken, was hätte besser laufen können. Sie wird so manche gemachte Entscheidung hinterfragen. Wird reflektieren. Und sie wird sagen, wie schon seit Jahren, dass ein Kind nicht vor den Eltern gehen darf. Ihre Medikamente, die sie nach ihrem Schlaganfall bekommen hatte und die sie auch psychisch gut eingestellt haben, helfen heute sehr.

Den schwarzen Rollkragenpullover, den ich mir schon vor fast einem Jahr für die Beerdigung zugelegt hatte und der im Schrank geduldig auf seinen Einsatz gewartet hat, habe ich bereitgelegt. Dazu warme Socken und eine etwas dickere Hose. Ich suche die wärmste Jacke, die irgendwo in den Tiefen des Kleiderschrankes vom vergangenen Winter hängt, um mich zuverlässig zu wärmen. Es wird kalt und ungemütlich werden heute. Es erinnert an das Leben. Die Einen stehen im Licht der wärmenden Sonne, die Anderen leben im Schatten und frieren im Regen.

Mir ist, als hätte der Himmel seine Schleusen geöffnet. Mir ist, als wären Engel und Heilige angehalten zu weinen, die Tränen der Trauer über diesen nebelverhangenen Landstrich inmitten der Berge zu vergießen. Klare Gedanken scheinen zumindest heute nicht möglich zu sein. Es reicht, zu funktionieren wie schon seit Monaten. Lachen oder fröhlich sein sind verboten.

Der Sarg wird von den Trägern vorsichtig in der Kapelle angehoben. Blumenkränze und Kerzen werden zur Seite gestellt. Meine Mutter steht neben mir. Ich stütze sie. Vater ist schon in der Kirche. Mit Krücken und geschwundener Kraft kann er die kurze Prozession von der Kapelle zur Kirche nicht mit uns gehen. Ich sehe unzählige Gesichter verschwommen durch den Regenvorhang. Traurig, fassungslos, nachdenklich, bedauernd, mitleidig. Die schwarz-weiß gerahmte Fotografie meiner Schwester, die vor ihrem Sarg neben einer Kerze und dem Weihwasserbehälter auf ein kleines, mit rotem Samt bezogenes Tischlein gestellt wurde, wird vom Bestatter behutsam eingesteckt, um es in der Kirche für die Trauergemeinde sichtbar am Sarg zu platzieren.

Meine betagte Tante, die gemeinsam mit meiner Mutter die einzige Überlebende einer Familie von 14 Geschwistern ist, steht regungslos mit versteinerter Miene inmitten der Menge im kalten Regen. Das gute schwarze Sonntagsgewand angezogen und die Haare schön gekämmt für den schmerzlichen Anlass. Ein kleiner Schirm bewahrt sie vor Schlimmerem. Bekannte und Freunde, alte und junge, vereint durch den Regen und vereint durch das Herzweh über den Verlust eines rechtschaffenen Menschen.

Der Trauerzug setzt sich in Bewegung. Mutter und ich als Erste hinter dem Sarg. Vor dem Sarg ein Junge mit einem Holzkreuz. Die Verwandtschaft geht hinter uns, danach die Bekannten und Trauernden. Ich wundere mich über eine Abordnung der Freiwilligen Feuerwehr. Später werde ich erfahren, dass der Pfarrer darum gebeten hat. Jeder Eingang der Kirche und des Friedhofs wurde von einem der Männer bewacht gegen unliebsame Blicke von Presse und Schaulustigen. Ich werde dem Vertreter Gottes auf ewig dankbar sein für diese herzerwärmende Geste. Zum ersten Mal in all den Monaten habe ich das Gefühl, nicht alleine zu sein. Die Dorfbewohner halten in der Not zusammen. All die Vereine, freiwilligen und ehrenamtlichen Mitbürgerinnen und Mitbürger halten die Gemeinschaft am Leben. Geben Halt, reichen Hände, spenden Trost. In unserer größten Not habe ich den Wert einer intakten Gesellschaft erfahren dürfen.

Die Frage nach dem „Warum", oder die Psychologie des Täters

 „*Jeder Mensch ahnt, dass er Abgründe des Bösen in sich hat*", ist der Titel eines Artikels in der Zeitung „Die Welt" vom 26. Oktober 2019. 12 Tage vor der Beerdigung meiner Schwester fällt mir gerade diese Zeitung, dieser Artikel, in die Hände. Ich zweifle manchmal am Zufall.

Der Österreicher Reinhard Haller, Psychiater, Psychotherapeut und Neurologe, zudem Gerichtsgutachter und Suchtforscher, beschreibt darin die menschlichen Abgründe und warum Menschen töten. Scheinbar ohne Grund, scheinbar erstaunlich normale Mitmenschen, so wie du und ich.

Ich möchte verstehen. Ich möchte hinter das „Warum" im Falle der Tat an meiner Schwester sehen.

„Eine Frau tötet ihren Mann, weil er nicht mehr mit ihr spricht. Ein Junge ersticht

den Vater und kann hinterher nicht mal sagen, warum. Der Psychiater Reinhard Haller begutachtet seit Jahren schwere Gewalttäter. Viele von ihnen sind erstaunlich normal.

Reinhard Haller wirkt heiter und freundlich, selbst wenn man mit ihm über Serienmörder und Kriegsverbrecher spricht. Vielleicht hat das mit den Bergen zu tun. Im Sommer beantwortet er eine Anfrage aus den Schweizer Alpen, Hüttenwanderung, wenig später meldet er sich aus dem Kaukasus. Der Experte für menschliche Abgründe liebt Bergwanderungen. Haller hat als Gerichtsgutachter mehr als 300 Menschen untersucht, die schwere Gewalttaten begangen haben. Darunter bekannte Verbrecher wie Josef Fritzl, der seine Tochter 24 Jahre lang im Keller gefangen hielt, missbrauchte und vergewaltigte. Haller erstellte auch ein Gutachten über Tim K., der bei seinem Schulamoklauf in Winnenden 15 Menschen und sich selbst erschoss. Aus den

Bergen zurück, erklärt er in einem Telefonat, warum ihn die kleinen Verbrechen, begangen von unauffälligen Menschen, oft weitaus länger beschäftigen.

WELT: Sie haben für Ihre Gutachten mit mehr als 300 Menschen gesprochen, die mindestens einen anderen Menschen getötet haben. Niemand verweigerte das Gespräch. Reden Menschen gern über ihre Taten?

REINHARD HALLER: In der Regel haben sie ein hohes Mitteilungsbedürfnis und suchen nach Erklärungen. Zwei Drittel der Gewalttaten in Deutschland, Österreich und der Schweiz sind inzwischen Beziehungsdelikte. Keine kalten Verbrechen, sondern Taten, die sich in der Emotionalität der zwischenmenschlichen Beziehung abspielen. Die Tötung ist oft für die Täter selbst unerklärlich. Sie sagen, ich bin außer mich geraten, ich war nicht ich selbst. Jemand hat mir einen falschen Chip eingelegt.

Verstehen sich die Täter nach dem Gespräch mit Ihnen besser?
Ein Gutachten ist natürlich kein psychotherapeutisches Gespräch. Aber ich glaube schon, dass die Täter auf der Suche nach Antworten und oft auch dankbar sind. Manche sind auch etwas manipulativ, weil sie etwas vom Gutachter wollen.

Sie erkunden immer die Biografie.
Selbstverständlich. Man kann solche Taten ja nie auf einen einzigen Grund zurückführen, es gibt immer ein Ursachenbündel. Dabei spielen die Biografie, die früheren Erfahrungen, die kindliche Prägung eine ganz entscheidende Rolle.

Ein Täter sagte Ihnen mal: Wie jeder Mörder hatte auch ich eine schwere Kindheit. Selbst für ihn war das schon zu einem Klischee geworden. Hat wirklich jeder Gewaltverbrecher im Elternhaus oder in der Schule etwas Schlimmes erlebt?

Man führt immer die böse Mutter, den abwesenden Vater an. Aber die gab es oft tatsächlich. Das spielt eine Rolle, als einer von vielen Faktoren. Es ist nicht die Ursache dafür, dass jemand zum Mörder wird, sondern eine Risikokonstellation. Das Risiko, dass man selbst einmal Täter wird, ist wesentlich höher, wenn man einmal Opfer gewesen ist.

Findet man diesen Risikofaktor bei allen Tätern, oder gibt es auch die, in deren Kindheit alles in Ordnung war?
Die gibt es auch, aber da horcht man direkt auf. Das glaubt einem das Gericht oft gar nicht. Man muss eine Gruppe von Tätern aber von allen anderen unterscheiden: Etwa 20 Prozent der Menschen, die Tötungsverbrechen begehen, sind psychisch krank.

Welche Erkrankungen haben sie?
Die meisten haben eine schizophre-

ne Erkrankung oder eine Wahnerkrankung und sind dann auch nicht schuldfähig. Dann gibt es noch eine kleine Gruppe, das sind ganz schwer Persönlichkeitsgestörte. Sadistische oder dissoziale Menschen, die eine erhöhte, wie man so sagt „kriminelle Energie" haben. Einige gibt es auch, bei denen Alkohol- und Drogeneinfluss eine entscheidende Rolle spielen – durch die Enthemmung bricht das Unkontrollierte durch. Aber der Großteil sind Menschen, die relativ normal sind, bei denen allerdings bestimmte Risikokonstellationen vorliegen.

Das ist für viele Menschen schwer zu ertragen. Wenn wir von einem schweren Verbrechen hören, sagen wir: Der Täter muss gestört sein. Wer so etwas tut, kann nicht normal im Kopf sein.

Das ist aber ein Fehlschluss. Es können auch ganz normale Gehirne schwere, abnorme Taten hervorbringen. Denken Sie an den Terroranschlag vom 11. September 2001, eines der abnormalsten Verbrechen der jüngsten Geschichte, aber die Täter waren offensichtlich erschreckend normal. Man sucht immer nach Erklärungen. Wenn etwas erklärlich wird, dann ist das sehr beruhigend. Man tut auch den psychisch Kranken, die in ihrer Gesamtheit ja nicht gefährlicher sind als die Durchschnittsbevölkerung, unrecht, wenn man bei jeder Tat sagt: Das ist gestört. Wenn wir eine solche Tat sehen, werfen wir einen Blick in unsere eigenen seelischen Abgründe. Jeder Mensch ahnt, dass er in sich auch verschattete Anteile hat, die berühmten Abgründe des Bösen. Der Wunsch, das Böse zu etwas Fremdem, Krankem zu erklären, zu etwas, das ich nicht habe, kann auch daraus resultieren.

Einmal haben Sie eine Frau begutachtet, die ihren Ehemann im Schlaf erstochen hat, nachdem er aufgehört hatte, mit ihr zu sprechen. Er

antwortete auf keine Fragen mehr, ging auf keinen Gesprächsversuch ein.

Man fragt sich ja oft, steckt in jedem von uns ein Mörder? Ich glaube nicht. Mord ist ein strafrechtlicher Begriff, der bösen Willen, Vorsatz und genaue Planung voraussetzt. Aber ich glaube schon, dass jeder unter bestimmten Bedingungen zum Täter, man müsste sagen „zum Töter" werden kann.

Eigentlich gibt es in der Psyche des Menschen eine Sperre gegen das Töten anderer Menschen.
Ja. Und das ist das wirklich Interessante. Wir fragen uns immer, was sind das für Persönlichkeiten, die zum Mörder werden? Das ist eine Frage, die inzwischen relativ gut beantwortet ist. Aber in welcher Situation, unter welchen situativen Bedingungen kann ein ganz normaler Mensch töten, das ist die interessantere, bis heute nicht richtig beantwortete Frage.

Sie verweisen oft auf einen Faktor, der in der Kriminologie noch nicht richtig erforscht ist: die Macht der Kränkung.
Ich halte das für ein Phänomen, das man in der Psychologie, Psychiatrie und Kriminologie völlig unterschätzt hat. Es fängt damit an, dass es keine Diagnose gibt, keine wissenschaftlich anerkannte Definition. Man hält es für eine Kleinigkeit. Aber im Leben spielt es eine enorme Rolle, weil jeder Mensch seine Kränkungen hat, weil wir alle gekränkt sind, aber auch andere kränken. Es wird tabuisiert, gilt als nicht der Rede wert. Das ist für mich das Wesen der Kränkung: Dass es objektiv gesehen eine Kleinigkeit ist, subjektiv aber die Welt bedeuten kann.

Wie definieren Sie, was eine Kränkung ist?
Es ist eine nachhaltige Erschütterung des Selbst und des innersten Ich und seiner Werte. Kränkungen sind keine

großen Explosionen, nur Erschütterungen, aber sie gehen in den innersten Kern der Persönlichkeit, mit lang anhaltendem Effekt.

Und man traut sich nicht, darüber zu sprechen.
Darauf gedeihen Kränkungen. Auf Verdrängung, Tabuisierung. Die Menschen wollen sich nicht lächerlich machen. Wegen so einer Kleinigkeit schläft der Mann nicht. Kränkungen spielen bei vielen, vielen Tötungsdelikten eine enorme Rolle. Bei Schulamokläufen ist der einzige Befund, den es bei allen 350 Fällen weltweit gab, dass es vorher zu einer Kränkung gekommen war.

Die Frau, deren Mann nicht mehr mit ihr sprach, war gekränkt?
Vollkommen richtig, und in ihrem Fall kam hinzu: Ich werde nicht beachtet, ich werde nicht ernst genommen, bin kein Wort wert, ich bin nichts. Die Angst vor Liebesentzug. Wenn man

nicht redet, gewinnen die Fantasien eine gewisse Selbstständigkeit.

Viele Täter bereuen ihre Tat.
Psychopathische Täter bereuen nicht. Sie haben wenig Empathievermögen, das heißt, sie haben schon Empathie, aber keine mitleidende, sondern eine berechnende. Ein Sadist kann genau fühlen, was dem anderen wehtut. Aber das ist eine spezielle Verbrechergruppe. Empathiemangel ist ein ganz großer Risikofaktor für das Böse.

Psychopathische Täter sind für Sie weniger rätselhaft.
Sie sind viel leichter zu begutachten, weil sie so klar sind. Man meint immer, wenn ein großes spektakuläres Verbrechen geschehen ist, dass die Täter besonders schwierig zu begutachten seien. Aber das ist nicht der Fall. Es ist oft ein vergleichsweise kleines Verbrechen, bei dem irgendeiner mit 3,8 Promille einem anderen

ein Messer hereinsticht, das viel, viel schwieriger zu begutachten ist.

Was stellt Sie in dieser Arbeit vor die größten Rätsel?
Es gibt die motivlosen oder motivarmen Verbrechen. In der Literatur spielt diese Frage eine große Rolle: gibt es das motivlose Verbrechen? Bei Albert Camus, in „Der Fremde", wo einer einen anderen einfach so zu Tode bringt. In der Kriminologie ist das leider auch eins dieser brachliegenden Felder. Alle wollen ein Motiv haben. Der Ermittler, der Staatsanwalt braucht es für seine Anklageschrift, das Gericht, um die Strafe bemessen zu können, der Verteidiger. Auch die Öffentlichkeit will ein Motiv haben. Ich glaube auch, dass die meisten Verbrechen wirklich eins haben.

Aber man findet es manchmal nicht?
Genau. Aber wir beobachten in der internationalen Kriminologie tatsächlich einen Trend zu immer motiv-

ärmeren Delikten. Die Mordermittler sagen, Tötungen werden aus immer geringeren Motiven begangen. Ich erkläre es natürlich mit der Kränkbarkeit. Statt großer Motive spielen Kleinigkeiten eine Rolle. Möglicherweise haben wir auch einen Aggressionsstau in der Gesellschaft. Da genügt eine Kleinigkeit, um Aggressionen loszubrechen.

Welcher Fall, den Sie begutachten mussten, ist Ihnen unerklärlich geblieben?
Ein 14-jähriger Junge, der unauffällig ist, in der Schule als normal kommunikationsfähig gilt, normale schulische Leistungen erbringt, mit seinen Eltern eine gute Beziehung hat. Das einzig Auffällige ist, dass er mal Cannabis geraucht hat. Aber das ist in dem Alter auch nicht mehr so außergewöhnlich. Keine emotionale Vernachlässigung, nicht sonderlich viele Computerspiele. Er geht am Samstagabend ins Wohnzimmer, wo sein

Vater, mit dem er eine gute Beziehung gehabt hat, schläft. Und ersticht ihn. Und die Mutter probiert er auch umzubringen. Anschließend sich selbst. Und kann dafür bis heute überhaupt nicht den geringsten Grund nennen. Es hat keinen Streit gegeben, keinen Konflikt, er war nicht alkoholisiert und nicht bekifft.

Er war auch nicht psychisch krank?
Nein. Ich habe ihn sofort auf die Psychiatrie geschickt, zur Beobachtung, und damit andere Kollegen ihn begutachten. Alle haben bis heute kein Motiv finden können, und er selber in sich auch nicht. Er ist dann in Jugendhaft gekommen.

Beschäftigt Sie der Fall weiter? Glauben Sie, in zehn Jahren kommt noch etwas heraus?
Das sind Fälle, die einen über die Nacht und das Wochenende begleiten, wo man grübelt. Und die man Jahre später noch einmal nachuntersucht.

Es wäre möglich, dass sich später eine psychische Krankheit manifestiert, die noch nicht zu erkennen war. Vor ein paar Tagen habe ich den jungen Mann wieder getroffen – da war immer noch nichts.

Welche Verbrechen erschüttern Sie noch, nach mehr als 300 Gesprächen mit Tätern?

Am erschütterndsten sind die Kindestötungen. Die Familientragödien, bei denen es meist nichts mehr zu begutachten gibt, weil die Täter, meist Männer in diesem Fall, sich auch selbst das Leben nehmen. Sexualdelikte, vor allem an Kindern, sind sehr erschütternd. Rein psychiatrisch: die Gott sei dank seltenen Fälle des malignen Narzissmus. Das ist die bösartige Form des Narzissmus, bei der man seinen Selbstwert auf Kosten anderer schützt. Der bösartige Narzisst macht die anderen nieder, er muss andere Menschen demütigen, kränken, entwerten, in extremer Form töten. Wenn dann noch ein gewisses Maß an Sadismus hinzukommt und an Dissozialität, dann haben wir das gefährliche Syndrom, das man bei Serienkillern und politischen Despoten beschreiben kann.

Gibt es heute mehr von diesen bösartigen Narzissten als früher?
Aus der Forschung wissen wir, dass der Narzissmus generell zunimmt, seit der Jahrtausendwende, der digitalen Revolution. Dadurch natürlich auch die Unterform des malignen Narzissmus – die aber einen äußerst geringen Anteil einnimmt. Und nicht jeder bösartige Narzisst wird zum Mörder. Manche leben ihre Aggressivität auch im wirtschaftlichen Verhalten aus. Das sagen jedenfalls Forschungsergebnisse.

Das Böse geht aus dem Bösen hervor, haben Sie geschrieben. Lässt sich dieser Kreislauf nicht unterbrechen?

Ich fürchte nicht. Wo es Licht gibt, muss es auch Schatten geben. Die Philosophen sagen, wenn der menschliche Wille wirklich frei ist, dann muss er sich auch zum Bösen entscheiden können. Die Aggressionsforscher sagen, das Böse ist letztlich eine Vitalkraft. Das Böse wandelt nur sein Gesicht. Die Verbrechen werden inzwischen auch digitalisiert. Mir ist es lieber, wenn jemand seine Aggression auf diese Weise auslebt."

Die Begräbnismesse

Die Kirche ist voll, übervoll. Wir gehen durch den Mittelgang, hunderte Augenpaare kleben an uns. Gesenkt und regungslos unsere Köpfe. Eingefroren die Gedanken. Der Sarg wird durch das Kirchenschiff getragen und vor dem Altar abgestellt. Blumen und Kerzen säumen den Sarg. Erhöht und für alle sichtbar, liegt sie da. Im Leben, in den vergangenen Jahren am Rande, im Tod in unserer Mitte.

Über sieben Brücken musst du geh'n,
sieben dunkle Jahre übersteh'n,
siebenmal wirst du die Asche sein,
aber einmal auch der helle Schein.

So tönt es durch die Musikanlage der Kirche, wird immer leiser und verstummt. Zum allerletzten Mal der Refrain des Maffay-Liedes, zum allerletzten Mal eine Hymne für Marlene. Stille.

„Im Namen des Vaters, des Sohnes und des Heiligen Geistes."
„Amen."
„Wir sind hier zusammengekommen, um Abschied zu nehmen. Abschied von Marlene." Es sind die ersten Worte unseres Priesters am Beginn der Begräbnismesse. Nach einem gemeinsamen Choral der Trauergemeinde, dem Kirchenchor und dem Priester werde ich gebeten, die Trauerrede zu halten.

Mit feuchten Händen, belegter Stimme und Schwere im Herzen falte ich ein abgegriffenes Stück Papier behutsam auseinander, stelle mich vor die Kanzel an das Rednerpult, rücke das Mikrofon zurecht und schaue in viele hunderte Augenpaare, die mich beäugen und gespannt abwarten, was ich zu sagen habe.

Diese Rede und meine Gedanken habe ich kurz nach dem unbegreiflichen Tod von Marlene niedergeschrieben. Oft in der Hand gehalten in den vergangenen über zehn Monaten und oft gelesen. Ich habe seit diesem Tage keines der Worte geändert:

Die Würde des Menschen ist unantastbar
Das heißt: die Würde darf auf keinen Fall ver-

letzt werden. Alle Menschen sind gleich wertvoll. Es ist egal, welche Religion sie haben, aus welchem Land sie kommen, ob es Frauen oder Männer sind.

Der Philosoph Immanuel Kant beschreibt die Menschenwürde wie folgt:

> *Dinge sind wertvoll, ein Schuh ist zum Beispiel wertvoll, wenn er passt und wenn man gut laufen kann darin. Wenn der Schuh kaputt ist und niemand mehr in ihm laufen kann, hat er keinen Wert mehr.*

Bei Menschen ist das anders: Der Mensch hat immer einen Wert, auch wenn er krank ist oder gefallen oder er nicht mehr arbeiten kann.

Wann immer etwas einen Wert hat, sagt man: Er hat eine Würde, der Mensch, er ist deshalb wertvoll, weil er ein Mensch ist.

Meine Eltern, dein Bruder, Hanspeter, dein Sohn, die Familie, Freunde, Bekannte, Weggefährten und ich, wir alle müssen heute Abschied nehmen von Maria Magdalena, für uns alle war sie die Marlene.

Geboren wurden wir an einem frühen Sonntagnachmittag am 12. April im Jahre 1964 in einem kleinen Bergdorf. Nachdem ich nach einer schwierigen Geburt das Licht der Welt erblickte, bekam ich einen Klaps auf den Allerwertesten und begann zu atmen. Daraufhin glaubte unsere Mutter, sie hätte das Schlimmste hinter sich. Doch dann vernahm sie die gütige Stimme der Dorfhebamme mit den Worten:

„Da kommt noch eines."

Das war der Moment, in dem Marlene ihrerseits die Schönheit der Welt erblickte. Mit etwas mehr als einem Kilogramm Geburtsgewicht war sie sehr klein, hatte aber kurioserweise schon zwei Zähne und ihr kleiner Körper war fast vollständig zugewachsen mit einem zarten Flaum aus schwarzen Haaren. In einem Fiat 128 – eingehüllt in eine Decke – wurde sie in das einzige Krankenhaus mit Brutkasten gebracht, um dort an Gewicht zuzunehmen. Ein holpriger Start ins Leben.

Als sehr ruhiges und stilles Kind wurde sie nach den Kindergartenjahren eingeschult. Volks- und Mittelschule absolvierte sie ungern, aber mit Fleiß. Nein, die Schule war nicht die Lieblingsbeschäftigung von Marlene. Im Teenageralter verlebte sie eine sorgenfreie Zeit. Sie war sehr kommunikativ. Sie liebte die Musik von Peter Maffay. Sie hatte Freunde und ihre Liebeleien. Marlene war eine wunderschöne, junge Frau. Und sie genoss diese unbeschwerten Jahre. Später arbeitete sie im Betrieb unserer Mutter, bis sie ihren Mann kennenlernte. Die beiden heirateten 1989. Nach Jahren des Hoffens und Bangens auf eine Schwangerschaft, verbunden mit vielen daraus resultierenden Tränen, wurde schließlich 1997 ihr einziger Sohn Maximilian geboren. Die Liebe ihres Lebens, wie sie immer wieder betonte. Ihr Glück schien in diesen Jahren perfekt zu sein.

Marlene lebte ein bürgerliches, ein bodenständiges Leben. Ganz so, wie viele andere auch. Sie schien glücklich an der Seite ihres Mannes und ihres Sohnes. Aber still und hinterhältig nahmen Dämonen in Form von Nikotin, Pharmazie und Alkohol einen Platz in ihrem Leben ein. Marlene ließ es zu, dass diese Bewusstseinsveränderer in ihr Leben kamen. All das war von nun an Begleiter, ein Teil von ihr. Mehrmals kämpfte sie gegen ihre Schwächen, wollte sie vertreiben, sich lösen von ihnen.

Manchmal gelang es ihr für eine kleine Weile. Zurück kamen sie aber immer wieder. Irgendwann hat sie sich mit ihnen arrangiert, hat für sich einen Weg gefunden, damit umzugehen. Marlene ist eine Zweckgemeinschaft eingegangen, wie so viele in diesem Lande eine Gemeinschaft mit den eigenen Schwächen eingehen. Ein Psychologe in einer Therapieeinrichtung hat mir einmal gesagt, wer 40 Tage ohne Alkohol, Nikotin oder andere bewusstseinserweiternde Substanzen auskommen kann, der hat kein Drogen- oder Alkoholproblem. Horchen wir tief hinein in uns. Jeder Einzelne. Und sind wir gnadenlos ehrlich: Wer von uns kann von sich behaupten, dass er das immer schafft?

In der Bibel steht der schöne Satz: *Wer ohne Schuld ist, der werfe den ersten Stein.* Es wurde nach Marlenes tragischem Ableben nicht mit Steinen auf Marlene und unsere Familie und die Menschen in ihrem Umfeld geworfen. Es kam schlimmer. Es wurde mit Schlamm und Dreck gezielt. Verbal, feige und anonym in sozialen Netzwerken und mit dem geschriebenen Wort einiger Medien. Das geschriebene Wort kann ein spitzer Dolch sein. Und man sollte behutsam mit dieser Waffe umgehen. Denn der Dolch kann sich tief in das Herz und in die Seele hinein bohren. Und fast unerträgliche, langandauernde Schmerzen verursachen. Marlene, meine Zwillingsschwester, war ein guter Mensch, ein anständiger Mensch und hat niemandem jemals etwas Schlechtes getan. Niemand hat es verdient, so heimzugehen. Und niemand hat das Recht, das Andenken eines Lebens so in den Schmutz zu ziehen. *Die Würde des Menschen ist unantastbar.*

Ich für meinen Teil wäre glücklich, wenn in mir die Freude und Leichtigkeit wohnen würde, wie Marlene sie in sich trug. Ob in guten oder weniger guten Zeiten – ihre Lebensfreude ließ sie sich nicht nehmen. Und damit auch nicht ihre Würde. Die hat man erst jetzt versucht, ihr zu entreißen. Jetzt, wo sie nicht mehr ist. Jetzt, wo sie sich nicht mehr wehren kann.

Was Marlene ehrte, war ihr ausgeprägtes Helfersyndrom. Wer weiß schon, ob ihr diese bewundernswerte Eigenschaft nicht wegen ein paar gestohlener Silberlinge zum Verhängnis geworden ist.

Marlene ist nicht mehr. Ich glaube, sie hat nicht einfach nur ein bisschen Staub aufgewirbelt. Ich denke, sie hat Spuren hinterlassen. Denkanstöße, die durch ihr Ableben in uns gereift sind, wie wir miteinander umzugehen hätten. Respekt- und liebevoll.

Der Abschied ist die Geburt der Erinnerung. Erinnern wir uns an Marlene, wie sie war. Fröhlich, manchmal strapazierend, liebeswert und wie sie von sich selber immer sagte: „Gell, i bin a Katastrophe – obo a netta ..."

Du wirst fehlen. Überall. Unserer Mutter bei euren täglichen Telefonaten. Deinem Vater, den du seit einem halben Jahrhundert um den Finger gewickelt hast und der es bis heute nicht gemerkt hat. Deinen Freunden. Natürlich Hanspeter und Maximilian. Walter und mir. Danke, dass du warst ...

Ach, und noch etwas: Vergiss nicht, einen leichten Cappuccino zu bestellen, da, wo du jetzt bist. Ruhe in Frieden.

Versteinert stehe ich an der Kanzel, schaue hoch zum Kirchenchor, blicke geradeaus zu unserer Mutter und dem Vater, die beide mit gesenktem Kopf kniend in der ersten Kirchenbank Gesagtes verarbeiten. Ich schaue in die Weite der Kirche und zu den unzähligen Menschen, die den Weg an diesem kalten regnerischen Freitagnovembernachmittag auf sich genommen haben, um hier mit uns zu sein. Ich blicke nach links an das Ende des Mittelganges, wo Marlene liegt und nehme für mich persönlich Abschied. Endgültig. Mögen Engel dich begleiten, möge aus Schmerz Glück geboren werden, möge aus Trauer Freude und aus Schwermut Liebe werden.

Epilog

 Dieses Schlusswort zu schreiben erschien mir, wenn ich das vorliegende Manuskript hier liegen sehe, als der schwierigste und anstrengendste Abschnitt in diesem über ein Jahr lang andauernden Schreibprozess. Ich habe gefühlt unzählige Male begonnen und habe genauso oft Geschriebenes wieder verworfen. Wenn ich nach einigen Tagen die aneinandergereihten Buchstaben, die Worte ergeben sollten, um aus den Worten dann Sätze mit Sinn zu generieren, habe ich sie oft erneut resignierend in die virtuelle Mülltonne geworfen. Ich bin müde.

Ich werde versuchen, meine Gedanken und Gefühle so sachlich wie möglich zu schildern. Den Emotionen ist in den vorherigen Absätzen und Kapiteln ausreichend Raum gegeben worden.

Sie werden mich fragen wollen, wie geht es den nahestehenden Menschen nach einem

Ereignis wie dem von uns erlebten? Wie kommt man zurück in eine vermeintliche Normalität? Das Wort „funktionieren", also, sich bestimmten Normen entsprechend anzupassen, beschreibt den Zustand der Hinterbliebenen am besten. Wir haben funktioniert. Und wir funktionieren weiter. Punkt. Was bleibt uns auch anderes übrig? Routinierte, immer gleiche gewohnte Abläufe im Alltag, haben geholfen. Darüber sprechen, auch wenn es schwer gefallen ist, ebenso. Begreifen lässt sich Erlebtes schwer. Einordnen erst recht nicht. Eine der herausragenden Eigenschaften eines Menschen scheint mir, Erfahrenes und von Kindesbeinen an Gelerntes richtig und schnell zuzuordnen, um sich in wiederholenden, guten wie schlechten Situationen angemessen zu verhalten und daraus die richtigen Schlüsse zu ziehen.

Wenn eine Situation nicht selbst erlebt worden ist, ist es schwer, aus der Schatztruhe von Lebenserfahrungen zu schöpfen, darin zu wühlen, um die richtigen Erfahrungsjuwelen herauszuziehen, mit denen sich das Erlebte verarbeiten lässt. Wir sind nicht geeicht worden, es hat uns niemand vorbereitet, einen solchen Schicksalsschlag zu begreifen.

Teilen wir einmal das Wort: Schicksal und Schlag. Das zweite Wort ist Schlag. Und ja, es war ein schmerzender, harter, rücksichtsloser Schlag, den wir mit voller Härte abbekommen haben. Es war wie beim Boxer im Ring, der ohne Deckung, ohne Vorwarnung einen Treffer hat einstecken müssen. Er taumelt, es dreht sich alles, ihm wird schlecht und schwarz vor Augen und er hält sich fest, klammert sich an das Nächstbeste, um nicht zu fallen.

Nach all den Monaten der Unsicherheit bahnt sich ein Ende, ein Abschluss im Strafverfahren an. Es wird nicht so werden, wie wir es uns vorgestellt und erhofft haben. Unsere Gerichtsbarkeit wird eine zwischen dem Angeklagten und der Staatsanwaltschaft getroffene Einigung absegnen. Wie auf einem Basar wird um die Schwere der Schuld gefeilscht. Wurde Pro und Kontra abgewogen. Wem nützt, wem schadet es. Was ist Recht, was ist Gerechtigkeit oder welches ist der Salomonische Weg.

Es gibt nur zwei Menschen, die mit Sicherheit sagen könnten, was, aber vor allem wie es passiert ist. Eine der beiden ist tot. Die zweite Hauptperson in dieser Tragödie kann Behauptungen und die eigene subjektive Wirklichkeit kommunizieren, wie es ihr beliebt. Es wird schwer werden, eine uneingeschränkte Wahrheit an den Tag zu bringen. Vieles wird nebulös bleiben.

War es ein Unfall, wie immer wieder berichtet wurde? Dann verstehe ich nicht, warum kein Krankenwagen gerufen wurde. Warum wurde Marlene der letzte kleine Rest an Bargeld gestohlen? Warum wurde sie liegengelassen wie ein Stück Abfall, wenn es denn wirklich ein Unfall gewesen war?

Wurde meine Schwester gefügig gemacht über Tage und Monate, um Perversionen Raum zu geben? Was geht in einem Menschen vor, der eine sterbende Schwache untergewichtig und krank liegenlässt, sich umdreht und geht? Die Eingangstür hinter sich in das Schloss fallen lässt und sich hinausschleicht?

Oder war es gar Vorsatz, der nicht beweisbar sein wird? Und was, wenn es Verkettungen unglücklicher Umstände waren?

Wir werden es nie mit letzter Gewissheit erfahren, es nicht mehr ändern können. Meine Schwester ist nicht mehr. Kein Bedauern, keine Reue. Meinen betagten Eltern wird keine Zeile, kein Wort, kein „es tut mir Leid" gegeben. Keine einfache Erklärung, keine Entschuldigung, kein Schuldbewusstsein entgegengebracht.

Ich möchte verstehen. Ich möchte hinter das „Warum" der Handlung an meiner Schwester sehen können. Aber für mich ist es immer und wird wohl auf ewig im Dunkeln bleiben. Wie ein undurchdringlicher Dschungel. Es sind mehr Fragen als Antworten, die bleiben werden. Wahrscheinlich für immer.

Wir kennen, spüren den Schmerz, den wir in uns tragen. Das Gewicht, die Last und die Kämpfe, das Ringen um jeden Tag. Es wird besser. Es tut weniger weh. Verbitterung und Groll verblassen. Melancholie weicht und so etwas wie Tagesbehagen zieht zaghaft in unsere Leben ein. Eintracht. Und doch verrinnt kein Tag, an dem ich nicht daran denke. Manchmal sehe ich eine Frau von hinten auf der Straße gehend, die meiner Schwester ähnelt im Aussehen und der Kleidung. Dann beginnt es von Neuem mit der Fragen nach dem Weshalb.

Ich sehe uns zwei, scheu und ängstlich im Kindergarten, sehe, wie wir gemobbt wurden in der Schule unserer Herkunft wegen, sehe den Geschwisterzank, sehe sie als Braut, sehe sie lachend und fröhlich, sehe sie betrunken, sehe mich zornig und sie verabscheuen, spüre die gewesene Verbundenheit eines Zwillings. Alles ist weg und doch ist alles da. Und um es in den Worten des österreichischen Schriftsteller Peter Rosegger zu sagen:

*„Es geht ewig zu Ende, und im
Ende keimt der Anfang".*

Wenn ihr irgendwann am Grabe meiner Schwester oder den Gräbern eurer Liebsten vorbeikommen solltet, haltet einen kleinen Augenblick inne, verweilt eine kleine Weile, geht in euch und vergesst dabei nicht, euch eurer Vergänglichkeit bewusst zu werden. Das Leben ist jetzt.

Dankgefühl

Ich fühle und spüre tiefempfundene in Worten nicht sagbare Dankbarkeit. Dankbarkeit für Menschen, die mir/uns Hilfe waren in dunkler Nacht. Dankbarkeit für das Gefühl, nicht alleine zu sein. Dankbarkeit für Beistand und Hilfe, Gebete und das gute Wort im Vorübergehen.

Ein besonderer Dank gilt Gabriele, die mich ohne Wenn und Aber aufgefangen hat, als ich zu fallen drohte. Susanne, die mir eine wegweisende Hilfe war durch ihre Gespräche und Aufzeichnungen mit Wegbegleitern von Marlene. Dank meinen Kindern, die mein Leben sind. Carmen für ihre unendliche Geduld mit mir. Michael und Markus, meinen Rechtsberatern, möchte ich für ihre Besonnenheit danken. Der Staatsanwaltschaft, der Arma dei Carabinieri und allen beteiligten Rechtsorganen. Allen Seelentröstern, dem Kirchenchor und jeder und jedem, die und der an uns und meine Schwester gedacht hat.

Ruth, Robert, Margareth, Christa, Miriam, Andreas, Agnes, Johanna, Bernhard, Marion, Rosi, Martin, Marielena, Helene, Irmgard, Brigitte, Renate, Hansjörg, Peter, Thomas, Robert, Judith, Günther, Emma, Julia, Marina, Herta, Meinhard, Daniela, Paul, Siegfried, Martha, Sabine, Manfred, Walther, Irene, danke.

Danke an den Axel-Springer-Verlag und Reinhard Haller für die Abdruckerlaubnis des Zeitungsartikels aus „Der Welt".

Und allen ein riesengroßes Danke, die da waren für uns, ich namentlich aber nicht genannt habe.

Erinnerung in Bildern

Das Zuhause unserer Mutter

Marlene und ich

Mutter mit Marlene und mir

Unsere junge Mutter

Kindergartenjahre

Marlene und unser Halbbruder

Erstkommunion

Marlene

Marlene

Maximilian (Mitte) mit zwei meiner Kinder

Malen als Therapie

Meine Trauerfeier in Thailand

Der thailändische Mönch, der die Trauerzeremonie durchführte

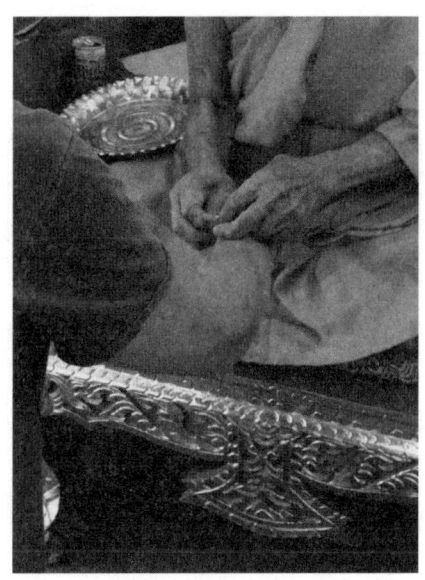

Sai Sin – geweihtes, buddhistisches Bändchen

Während der Zeremonie

Der aufgebahrte Sarg

Urnenbeisetzung eine Woche nach der Trauerfeier

Ruhe in Frieden

Der Autor

Josef v. Sand wurde am 12. April 1964 in einem kleinen, kargen Dorf inmitten der Südtiroler Berge geboren. Er wuchs in einfachen Verhältnissen und in einer erzkonservativen Gesellschaft auf, was ihn bis heute prägt.

Neben seiner Erzählung „1.090.000 Schritte" sind mehrere Kinderbücher aus der Reihe „Die kleine Spinne Agnes" im Verlag 1460 erschienen.